U0573387

从书
开始

Start from Book

陈嘉映　吴晓波 等　著

春风文艺出版社
· 沈阳 ·

图书在版编目（CIP）数据

从书开始 / 陈嘉映等著. -- 沈阳：春风文艺出版
社，2025.5. -- ISBN 978-7-5313-7015-4

Ⅰ. G792

中国国家版本馆CIP数据核字第2025CA6616号

春风文艺出版社出版发行

沈阳市和平区十一纬路25号　邮编：110003

涿州市荣升新创印刷有限公司印刷

选题策划：单英琪　　　　　　责任编辑：韩　喆
助理编辑：沈延凝　　　　　　责任校对：张华伟
封面设计：乔　乙　　　　　　幅面尺寸：145mm × 210mm
字　　数：200千字　　　　　印　　张：9.5
版　　次：2025年5月第1版　印　　次：2025年5月第1次
书　　号：ISBN 978-7-5313-7015-4
定　　价：49.90元

读书人是幸福人

谢冕

我常想，读书人是世间幸福人，因为他除了拥有现实的世界之外，还拥有另一个更为浩瀚也更为丰富的世界。现实的世界是人人都有的，而后一个世界却为读书人所独有。

由此我想，那些失去或不能阅读的人是多么不幸，他们的丧失是不可补偿的。世间有诸多的不平等，财富的不平等，权利的不平等，而阅读能力的拥有或丧失却体现为精神的不平等。

一个人的一生，只能经历自己拥有的那一份欣悦，那一份苦难，也许再加上他亲自闻知的那一些关于自身以外的经历和经验。

然而，人们通过阅读，却能进入不同时空的诸多他人的世界。这样，具有阅读能力的人，无形间获得了超越有限生命的无限可能性。

阅读不仅使他认识了草木虫鱼之名，而且可以上溯远古下及未来，饱览存在的与非存在的奇风异俗。

更为重要的是，读书加惠于人们的不仅是知识的增广，而且还在于精神的感化与陶冶。人们从读书学做人，从那些往哲先贤以及当代才俊的著述中学得他们的人格。

人们从《论语》中学得智慧的思考，从《史记》中学得严肃的历史精神，从《正气歌》学得人格的刚烈，从马克思学得人世的激情，从鲁迅学得批判精神，从列夫·托尔斯泰学得道德的执着。

歌德的诗句刻写出睿智的人生，拜伦的诗句呼唤着奋斗的热情。一个读书人，是一个有机会拥有超乎个人生命体验的幸运人。

一个人一旦与书结缘，极大可能是注定了与崇高追求和高尚情趣相联系的人。说"极大可能"，指的是不排除读书人中也有卑鄙和奸诈的，况且，并非凡书皆好，在流传的书籍中，并非全是劝善之作，也有无价值的甚而起反面效果的。

但我们所指读书，总是以其优良品质得以流传一类，这类书对人的影响总是良性的。我之所以常感到读书幸福，是从喜爱文学书的亲身感受而发。

一旦与此种嗜好结缘，人多半因而向往于崇高一类，对暴力的厌恶和对弱者的同情，使人心灵纯净而富正义感，人往往变得情趣高雅而趋避凡俗。

或博爱，或温情，或抗争，大抵总引导人从幼年到成人，一步一步向着人间的美好境界前行。笛卡儿说，"读一本好书，就是和许多高尚的人谈话"，这就是读书使人向善；雨果说，"各种蠢事，在每天阅读好书的影响下，仿佛烤在火上一样渐渐熔化"，这就是读书使人避恶。

所以，我说，读书人是幸福人。

目录

去沉浸，去吸纳，
去见广阔天地

阅读最宽容，
它允许千奇百怪的选择

从跌跌撞撞的过往，
走向轰轰烈烈的明天

去沉浸，去吸纳，

去见广阔天地

文字有它特殊的品质，不是任何别的东西能够取代的。我们一向叫作"思想"的东西，是跟文字连着的，主要落实在文字上。

哪怕全世界背过身去，
书依然平等待你

白岩松

高级编辑、主持人、记者，现任中央广播电视总台新闻中心新闻评论部高级编辑。参与创办《东方时空》《新闻调查》《感动中国》等节目，创办《新闻1+1》《新闻周刊》等栏目。著有《痛并快乐着》《幸福了吗?》《白说》。

三十多年来，我们与洋人之间的冲突，都是我理直，彼理曲，但恒以我吃亏彼沾光而告终。这原因便是我弱彼强。洋人不讲道理，只论强弱，我们如果不自强，便永远会受洋人的欺侮。

——唐浩明《曾国藩·第四章 名毁津门》

永远记得我将最后几十页看完的那个下午，舍不得告别，太阳照在我当时住的那间半地下室的墙上，光影不断变化，直到完全落山。

那个下午为什么令我印象深刻？因为25岁的我，读懂了人性之复杂，从而改变了很多观念。我不再把人简单地分为"好人"和"坏人"，书里的每个人似乎都是好中有坏，坏中有好。阅读的一个重要理由，就是读懂人性的复杂。当你真的读懂了，未来的路就好走了。

——白岩松

在这个世界上，我还没有看到有哪项投资，比读书的成本更低，收效更大。不管你今天有多少困惑，都能在书里找到答案。你所经历的一切，在书中都有写照，无非是时代背景不同。

来到河南大学，和同学们分享关于阅读的体验，首先要从我的一位老大哥的故事讲起。他是开封人，也是河南大学的校友。

在他应该上大学的年纪，大学对他只打开了一扇不算很宽的门。他想争取，但是没有得到这个机会。他绕着河南一所大学的围墙，哭着在外面走了整整一圈，在心里说"我将来一定要上大学"。但是当时的大学对于他来说还遥不可及。

那时，他作为一个小知青，要带领一些农民去送货。冬季的一天，在回来的路上拿出准备好的干粮，全硬了，这时候他看到前方有一户人家，就去敲门："能麻烦您煮一锅热水，让我们把这干粮煴一煴吗？"那户人家的主人答应了。

我这位老大哥进了屋，偏头一看，桌上放着一本李大钊的文集，肚子饥饿的他似乎突然发现了另一种更为强烈的饥饿。他翻开了这本书，首先看见十个字，"铁肩担道义，妙手著文章"，立即被打动了，看得不能撒手。吃完饭他问主人："能让我把这本书借走吗？"

总共借了三天。头一天晚上，油灯不断地灭，他又不断把它点上，一夜把书读完，后两天抄，第三天，骑自行车如约把书还了回去。那家主人很喜欢这个爱读书的年轻人，就把他引到自己不大的书架前，喜欢的都可以借。他想抱走很多很多的书，主人说："别，一本一本来，最重要的是，有些书你要背下来。"结果他把书借走之后，真的就背下来了。

后来，1980年，老大哥终于走进了河南大学的校门：读了四年夜大，拿下大专文凭；又读了四年自考，拿到本科学位；后来读了研究生，又在吉林大学拿到了博士学位。1992年，就任开封市公安局局长期间，他指挥侦破了开封人都熟悉的"九一八大案"。被抓到的主犯不服气，觉得警察没文化，问他能不能背《岳阳楼记》。我这位老大哥几乎不假思索，《岳阳楼记》和《滕王阁序》，张嘴就来。主犯惊呆了，彻底服了：好，我全招！案子破了。

他的名字叫武和平。但是我觉得，他的灵魂叫"文和平"——文武双全。就是这样一位开封人，我们河南大学的校友，从一名普通知青，走到了公安部新闻发言人的位置上。而支撑他的，就是几十年不间断的读书生涯。

每天你用多长时间读书？

通过武和平的故事，大家能够感受到一个饥饿的时代，人们对书籍有多么渴望，而读书又是如何改变一个人乃至一个国家的命运的。

饥饿的时代结束了，我们现在进入了一个相对富足的时代。提供一个小小的数据：当下中国出版物一年的品类超过50万种。与武和平大哥饥饿的青年时代相比，这无疑是相当庞大的精神资源。而今天的人们阅读状况又如何呢？

2019年春天，"4·23"世界读书日前夕，中国新闻出版研究院一如既往地发布了第16份国民阅读调查报告，我们来看其中一个数据：2018年中国成人一年平均阅读4.67本纸质书，比2017年增长了0.01本……河南大学的朋友们，你们的年均阅读量是远远超过这个平均值，还是有些人没达到呢？因为年阅读量超过10本书的人，不足全国总人口的10%。

接下来马上会有同学感慨：咳，都什么时代了，还读纸质书？我们现在都在手机上阅读，我们读了很多很多……的确，我们还可以看一个数据：中国成年人每天人均接触手机的时间是多长？接近85分钟。听到这个数字，大家会很振奋——这不就意味着我们可以读更多的电子书吗？但是实际上，接受调查的成年人一年阅读的电子书平均不到4本，也就是说，每天看手机85分钟，并没有多出一点儿时间留给读书。别蒙自己，也别蒙别人。

接下来再看看，在所谓的网上阅读中，读书到底占据什么样的比例呢？我国网民从事的网上活动，聊天交友排第一位，第二是浏览新闻，第三是看视频，第四是购物，第五是听歌、下载歌曲和电影，第六是查信息，第七是网络游戏，第八是即时通信，第九位，才是阅读期刊书籍——还不是纯粹的读书，而是包括阅读期刊在内。

我不只在一个读书人的文章里读到过一句话："一个人的书架是他的人生目录。"透过刚才这些数据，我们这个民族群体，我们自己的人生目录，该怎样书写？留一个大大的问号，先放在这里。

书架是一个人的"人生目录"

接下来可以回望一下我自己的人生书架，或者说我的人生目录。10岁以前，对我最重要的一本书是《新华字典》；10—20岁对我最重要的一本书是《朦胧诗选》；20—30岁对我最重要的一套书是长篇历史小说《曾国藩》；30—40岁对我最重要的是老子的《道德经》；40—50岁对我最重要的是为学生们看的书，因为我已经开始带研究生；50—60岁对我最重要的书，还没有答案，我猜测有可能是正在重读的《红楼梦》。

这份书单中的前四种，在以前的聊天中也经常提及，但是今天我想换一个角度解读它们。

首先说《新华字典》，如果没有《新华字典》，我们走不进浩如烟海的汉字世界。这个答案其实有点儿像抖机灵。但是，当我总听到有人抱怨"中国人怎么不读书"的时候，经常会反问一句："中国人什么时候读过书哇？"

新中国成立前，我们国家的文盲率超过80%，相当一部分文化传承是靠爷爷奶奶讲的故事、戏班子走街串巷的演出、说书人的讲读。民国时期发行量很大的报纸《大公报》，1938年的发行量也不过七八万份，因为识字的人不多。因此，新中国在20世纪50年代取得了两个巨大的进步：一是男女平等，二是"深抓猛抓"的扫盲运动，连陈毅都当过扫盲协会的会长。20世纪60年代，汉语拼音的大力推广，对扫盲运动起到了继续深化的作用。

想想看，一个文盲率曾经超过80%的民族，到现在为止，青壮年文盲率已经低于2%，国民文盲率已经低于5%。这是一个多么巨大的飞跃。只有当文盲越来越少的时候，全民阅读才成为一种可能。

在河南这片土地上，能看到很多文物。殷商时期，老祖宗把汉字刻在龟背上，这些甲骨也是在河南安阳出土的。作为一个中国人，不读书去哪儿感受汉字之美？汉字是象形文字：眼睛死了就念"盲"；心死了就念"忙"；在这片很重家庭观念的土地上，家里有女儿，有儿子，就凑成一个"好"字。除了中国，全世界都找不到这样优美的表意文字。

更重要的是，汉字有其组合之美。我经常告诉我的学生，**要认真对待写作，要有字斟句酌的"洁癖"，因为你的每一次写作都是在"重新发明"中文。**"白日依山尽，黄河入海流。欲穷千里目，更上一层楼。"短短20个字，无一生僻，但组合在一起，是千古名篇。这就是读书的一个重要理由——读自己的母语最美的内涵。

接下来，到了第二本书《朦胧诗选》。有本书叫《十八岁给我一个姑娘》，我的18岁给了我一个乐队和一本诗集。那个乐队曾在1986年5月登上北京工人体育馆的舞台，主唱崔健唱了一首《一无所有》；那本诗集是《朦胧诗选》。**一个人年轻的时候遭遇什么，什么就有可能深深地改变他的一生。**我很庆幸我在18岁的时候与它们相逢，由此得到了一种全新的人生态度，全新的价值观。

比如"在没有英雄的年代里，我只想做一个人"，比如"黑夜给了我黑色的眼睛，我却用它寻找光明"，再比如"我必须是你近旁的一株木棉，作为树的形象和你站在一起……仿佛永远分离，却又终身相依"。直到今天，这一切仍在我内心深处。年纪越大，18岁对我的影响越清晰。

这就是我选出这本书的道理。更重要的是，今天我要通过自己的"18岁之书"反问在座的各位：你的青年时代也有这样一本书吗？它塑造你、改变你了吗？

再来说20—30岁的《曾国藩》。1993年，我25岁，开始做《东方之子》节目主持人。在我前面，没有可模仿的对象，因为我们是第一拨新闻主持。面对我要采访的每一位"东方之子"，一个25岁的年轻人自然还是困惑的：我该问什么样的问题？人是什么？人性是什么？

刚做了几个月的《东方之子》主持人，我的制片人时间——他的名字就叫时间——推荐给我一套他自己正在读的书《曾国藩》，上中下三卷。我断断续续用了一两个月的时间把它读完。永远记得我将最后几十页看完的那个下午，舍不得告别，太阳照在我当时住的那间半地下室的墙上，光影不断变化，直到完全落山。

那个下午为什么令我印象深刻？因为25岁的我，读懂了人性之复杂，从而改变了很多观念。我不再把人简单地分为"好人"和"坏人"，书里的每个人似乎都是好中有坏，坏中有好。**阅读的一个重要理由，就是读懂人性的复杂。当你真的读懂了，未来的路就好走了。**

到了我30—40岁之间……谁说男性没有更年期？可能我的更年期来得比较早。这个时候，所谓"小有成就"，内心却越来越惶恐：我是谁？我从哪儿来？我要去哪儿？什么是成功？成功重要吗？成功之后又是什么？……这些问题开始迎面袭来，而且没有答案。我很庆幸，这个阶段我遇到了我的生命之书《道德经》。

为什么叫生命之书？

我觉得人到了一定的岁数，一定要有一本时常翻阅且常读常新的书。它可以在你迷茫不已的时候，帮助你答疑解惑；在你岁月静好的时候，提醒你未雨绸缪。

对于西方人来说，他们的生命之书可能是《圣经》；对于阿拉伯世界的人来说，他们的生命之书可能是《古兰经》；对于信仰佛教的人来说，他们的生命之书也许是《心经》《金刚经》。

我们的生命之书是什么？是《论语》？是《红楼梦》？抑或是有些人所推崇的《厚黑学》？都有可能。

我幸运地遇到了《道德经》，它解决了我的很多问题并在继续解决着我的问题。比如，当我在某些事情上"成了"，可能会产生一种骄傲自满的情绪。可是《道德经》告诉我：最辽阔的水域是江和海，因为它位于低处。海纳百川嘛。于是我会突然明白，自己应该从一种"高"的状态，回归到一个"低"的位置。

再比如《道德经》告诉我：人活着的时候身体是柔软的，死亡之后就僵硬了；草木在生命旺盛的时候是鲜嫩的，一捏都能出水儿，死亡之后就干枯了。因此，强硬是死的信息，柔软是生的信号。懂得了这一点，你还会像年轻气盛时那样，时时处处呈现一种强硬的姿态吗？《道德经》之所以是"生命之书"，因为它可以不断地给我答案。

到了40—50岁之间，我无法单独列出某一本"生命之书"了。在这个阶段，我更多的是陪学生看书，引领他们阅读。平时我不给别人开书单，因为没法开。我不知道你当下的需求是什么，困惑是什么。但是，带学生总要开书单。也正是在这十年，为学生开书单、领着学生看书的过程中，我越发感受到了大学校园里的很多问题。

现在中国的阅读问题不是不读书，而是原本该读书的人不怎么读书了，比如大学生，甚至大学的老师；而原本"不该"读书的人——最广泛的普通民众——在互联网的内容普及之下开始阅读文字了，且不说阅读的内容是什么。

我带的研究生都来自非常好的学校，每届11个学生，学制两年。除了每月要上一天课之外，其余的重要学习内容就是按照我给他们开的书单去读书、写书评、评书评。每月至少读三本书，认真看，不能偷懒。这些名校生经常为此叫苦不迭。我说过这样一句话："我怎么觉得你们是高中毕业直接上的研究生呢？"这句话的潜台词是，我认为这些大学生在本科阶段该有的阅读训练没有完成。

一个月读三本书就很辛苦吗？在国外，像耶鲁、哈佛这样的大学，文科的研究生一年不读一二百本书过不了关。英国的文科本科教学中，每学期都有 Reading Week（阅读周）。这一周，什么课都不上，就是按老师开的书单去读书，下周回来就考试。大学老师，尤其是文科老师，除了正常的课堂授课，相当重要的教学内容就是给学生开书单，引领学生去读书。

如果我们老师都不怎么读书了，孩子们怎么会读书呢？从小学读到大学乃至读研究生，其实，受教育的过程就是一个被某种压力驱赶着读书的过程。如果一个人在上学期间没有养成读书的习惯，指望他走出校园以后开始爱读书，几乎是不可能的事情。

大学阶段是要完成基础的阅读任务的，每一代人有每一代人的必读书目。就像我跟夫人结婚后，两人打开各自的书箱一看，几乎大半的书都是一样的，因为它们是必读书。

在我们那个年代，不要说尼采、萨特、叔本华等人的作品，像《傅雷家书》、李泽厚的几部"思想史"和《美的历程》、代表当时前沿思考的"走向未来丛书"和"走向世界丛书"，等等，我们都是读过的。那个时代如果不读书，想谈恋爱的可能性都不大。一个男孩聊不了这些，哪个女孩会理你？

最后，50—60岁期间，对我来说最重要的书可能是《红楼梦》。大学毕业那一年，我认真地读过一遍《红楼梦》，最近是在重读。

关于重读，我想多谈一点感受。我在25岁那年第一次读《曾国藩》，时隔24年又重读了一遍，发现了一个有趣的事实：书里的大部分细节我都忘了，就像很多人抱怨自己"看完书记不住"一样，但让我欣慰的是，20多年来，我已经是那本书中所呈现的道理和价值观的践行者了。它已经改变和塑造了我。

《红楼梦》具有同样的概念，我在重读的时候，感受跟原来完全不同。《红楼梦》的核心不是宝黛之恋，不是风花雪月的故事，它的核心蕴藏在"葬花"这个细节之中：看万紫千红开遍，转眼间，谁关心落花流水？这是一个生命的大循环，周而复始。红楼为什么是场梦？到了50—60岁这个年龄，才具备了深读《红楼梦》的基底，而且也的确要细读《红楼梦》了，这也是生命自身的需要。

通过解读这样一份生命书单，梳理了我自己的心灵成长之路。同时与各位年轻的朋友分享：让自己在人生的每个阶段都有所学，有所悟，**从拿得起，到放得下，再到想得开——这是我们读书的理由**。

浅阅读只提供信息，深阅读才接近智慧

在《道德经》的各种注译版本中，我非常喜欢陈鼓应先生

所著的《老子今注今译》。有一次，我们俩聊天，老爷子非常急切地嘱咐我：**可得提醒现在的年轻人，别把知识当智慧。**

知识的获得是很容易的，而智慧的获得是很难的。苏格拉底说过一句话："**让人快乐的是智慧，而不是知识。**"你们千万不要把自己每天都在获取的信息和知识当成求学的终点。

知识正在成为一种很稀松平常的"标配"。2019年中国高等教育的报考人数刚过1000万，而整体招生名额达到了900万（包括高等职业教育扩招的100万名额），这意味着我们的高考录取率已经达到90%左右。一个大学升学率在90%左右的社会，教育已然成了标配，大学生还能把自己当成高高在上的精英吗？开个玩笑，我甚至觉得大学可能离义务教育已经不远了。

回到我们"为什么读书"的话题，浅阅读让我们靠近的往往是信息和知识，深阅读才可能让我们靠近智慧。知识是那些不加自己思索和感悟而获取的认识和经验，但是它不一定能帮助你。

有一个据说来自"哈佛情商课"的段子：一位教授坐船过江。在船上，他问船工："你学数学了吗？"

"没有。"

"你学物理了吗？"

"没有。"

"学没学过计算机？"

那个年轻的船工还是说"没有"。

于是这个教授非常痛心："这三样都不会，你的生命已经失去了一半。"

隔了一会儿，变天了，乌云密布，狂风乍起。船工问教授："您会游泳吗？"教授说："不会。"船工就回了一句："那你可能要失去整个生命了。"

我们拥有很多知识，但它是否构成一种能力？我们拥有很多知识，但它是否转化成了智慧？智慧才是你在遨游人生的大海时能救命的技能，而知识不能。

过去由于信息闭塞，知识和信息掌握在少数人的手里，他们被称为"知识分子"。现在获取知识越来越容易，只要手指头够快，手机上一搜索，想知道什么都行。

未来，我认为"知识分子"这个词是很可疑的，应该向"智慧分子"的方向转变。拼知识，你拼不过搜索引擎，也拼不过人工智能，但是拼智慧，人类还是大有优势。

不妨做一个简单的测试。"上善若水""天长地久""出生入死""治大国若烹小鲜"，这些说法，每个中国人都知道吧？但是仅仅知道，就够了吗？

很多练习书法的人，只要字写得稍稍像样一点儿，都爱写"上善若水"。但光会写字不够，你不一定知道它的含义。这四个字，出自老子的《道德经》。老子说，最接近道（天地间运行的规律）的就是水、女人和婴儿，而他又格外地推崇水。

为什么说"上善若水"呢？因为"水善利万物而不争"，待在几乎没人愿意待的地方，从不抱怨。

水又是最柔软的。谁能战胜水呢？即使以最锐利的匕首去刺水，也不过是"抽刀断水水更流"，但是如果水反过来成为武器，却能"水淹七军"。什么是强，什么是弱？

前面讲过，江和海因为放得最低而最为辽阔。这又是水的品性，越低越包容，因此变得辽阔。这一切加在一起，才是"上善若水"背后的含义。单是能读会写这四个字，又有什么用呢？再看"天长地久"，同样出自《道德经》。有很多恋人，都喜欢山盟海誓，期待天长地久。新人结婚，亲朋好友也祝福他们"天长地久"。老子要强调的是"天长地久"本身吗？不是的。

老子说，在这个世界上，唯有天最长，地最久，似乎永不毁灭。什么原因呢？是因为天和地所做的一切都不是为了自己，天地的运行，为了世间万物的生老病死、四季枯荣、周而复始、气象更新。正是由于天和地所做的一切都不是为了自己，因此天最长，地最久。因此老子得出了一个结论——无私成其私。这句话深深地触动了我。

以后各位在祝福新婚伉俪"天长地久"的时候，一定要补上两句："你越无私，你得到的越多；你越为对方着想，越能天长地久。"这是超越了字面理解的智慧。

再接下来，我们看《道德经》中的"出生入死"。什么意思？胆大？冲锋陷阵？奋不顾身？老子表达的不是这个意思，而是为了后面这段话——"生之徒，十有三；死之徒，十有三；人之生，动之死地，亦十有三"。

以老子的理解来说,"出生入死"是再简单不过的道理了,所以只是作为一个前提:人一出生就奔死亡而去。"出生"即"入死",人生是一条单行线,每个人从出生后就进入了死亡的倒计时,因此才说"出生入死"。

这句话的精华在后面:十分之三的人长寿,十分之三的人短寿,还有十分之三的人原本应该长寿,却因求生欲望太过强烈,奉养过度,最后反而短寿了。这才是智慧。有的时候,求之而不得,目标越功利,反而离目标越远——老子是为了解释这个智慧和道理。

再比如"治大国若烹小鲜",每个人都能脱口而出,但它背后的道理是什么呢?治理越大的国家越要像处理小鱼小虾一样,不翻腾,不折腾。做大鱼要去鳞、开膛破肚、两面煎,否则不熟。而小鱼小虾,最好维持原貌。

当你的人生到了更大的境界,当你自己成为一个"大国",你能不能做到在处理任何事情的时候,内心都像"烹小鲜"一样不折腾、不翻腾,保持纯朴天真、维持原貌?这才是我们要读书与追求智慧的关键所在。

没有哪项投资比读书成本更低,收效更大

为什么提倡各位读书?我只是想提醒你:要相信前方有一个更好的自己在等着你。在这个世界上,我还没有看到有哪项投资,比读书的成本更低,收效更大。不管你今天有多少困

惑，都能在书里找到答案。你所经历的一切，在书中都有写照，无非是时代背景不同。

爱上读书，你就不会怕将来的独处。即使全世界都背过身去，书依然平等地对待你，不会歧视你。

木心老先生说过一段话："一个年轻人想要快速成长要做两件事。第一，谈一场或成功或失败的轰轰烈烈的恋爱；第二，跟老人聊聊天，尤其是有智慧的老人。"

在当下这个时代，请珍惜你身边有智慧的老人，多聊聊天，保持跟他们的交往，很多事都能从他们那里得到答案。更重要的是，很多"有智慧的老人"不一定在你身边，而是以作者的身份，停留在历朝历代流传下来的典籍之中，等待与你相遇。你随时可以从书架上取出这些典籍，与书中的老人平等对话。

对于马上要进入"社会海洋"并开始游泳的年轻人来说，"多读书"是我能送给你们的一份非常棒的礼物。当然，假如没有听到这番忠告，没读过多少书的人一定会觉得自己是最棒的，而当我不断地这样提醒大家的时候，可能会打破你的这个幻觉，我得说声抱歉。幻觉打破以后，如果你能尽早地养成爱读书的习惯，我也要恭喜你。

另外请注意，一定要独立地看书，不要看成书呆子，否则得到了很多知识，智慧却没有长进。一定要**在书中看自己，找自己**。无论如何，20年后我都希望可以看到更好的你们。

在寂寞里跟伟大的
心灵交流

陈嘉映

哲学学者，首都师范大学燕京人文讲席教授。著
有《海德格尔哲学概论》《哲学·科学·常识》《说
理》《简明语言哲学》《何为良好生活》《走出唯一真
理观》《感知·理知·自我认知》等。译有海德格尔
的《存在与时间》，维特根斯坦的《哲学研究》，伯纳
德·威廉姆斯的《伦理学与哲学的限度》等。

只要你有绝对的自信，只管装下去，绝对不会出什么问题，看看世界其他地方长得怎么样。学习不同的事物，是很值得的。你不需要为身处的世界负任何责任。你完全没有责任要做到其他人觉得你应该做到的地步。我没有责任要符合他们的期望，这是他们的错，可不是我失败了。

——［美］理查德·费曼《别闹了，费曼先生》

就我自己来说，读书的好处多多，只说一点吧，读书能让人变得谦虚。你自以为聪明，你读读费曼，就知道自己跟傻子差不多；你自以为博学，你读读雅克·巴尔赞，就知道什么叫渊博了。

——陈嘉映

说"书"，最先要说书写。拿笔写在丝绸上、树皮上、纸草上，或者拿刀刻在竹板上，等等。不管是哪一种，都很费劲很昂贵，保存起来也难。以前说学富五车，有人算过，古时候5车的书大概相当于我们现在一本20万字的书。书少，很多人要读书，只能投奔有书有学问的人去学习[1]。那时候，读书人记诵能力都很强，读一本书差不多要把它背下来，自己手里没几本书，靠记忆。书的数量有限，主要的书所有读书人都读过，四书五经、《楚辞》《史记》、唐诗宋词，所有读书人都读，几百上千年都读。这些书，我称之为"共同文本"。古代的读书人有他们的共同文本，今天没有了，大家坐在一起聊天，没有哪本书是中心，要说共同话题，电影、电视剧，但这个不是共同文本，过几个月就聊新电影了。

　　阅读和书写都要有时间精力，所以，阅读、书写是少数精英的事。谁是文字精英？在中国跟在西方很不一样。中国很早就有了科举制，汉朝选拔官员的一个主要途径是选举制，但除了一开始，所谓选举其实也是要考试的。中国主要是靠科举选

---

　　① 宋濂《送东阳马生序》自谓少年求学时，"家贫，无从致书以观，每假借于藏书之家，手自笔录，计日以还"，由此竟得"遍观群书"。

择官员，而科举是靠文字的，所以，中国的官员都是文化人，能读能写。一个人只要会写文章，长得不漂亮没关系，声音不好听，甚至说的是家乡土话，这都问题不大，只要你写得一手好文章，你就当大官。相比之下，在中国，文字时代的边界最清晰。中古时期，中国总体上是个文教社会。后来有了造纸术、印刷术，书多起来了，宋朝的文教水平很高，跟造纸、刻板、印刷这些技术的发展有关。从那个时候起，读书人多起来了，写书的人也越来越多。到清朝，是个识文断字的人就留下一两部诗集或别的什么，书多得再也读不过来了。战乱的年头在中国历史上大概占三分之一的比例，这样的时期文教衰败，但三分之二是稳定的社会，文教比较昌盛，一直保持到清末。

西方不一样，西罗马灭亡以后，文教传统基本上断掉了，识字的人很少，能够读希腊文的更是凤毛麟角。中世纪，大大小小的领主都不识字。整个社会上，认字的没几个。文字传统主要靠寺院和僧侣保存下来。在东罗马，在拜占庭帝国，情况好一点儿，他们使用希腊语，文字传统的保存要比西欧好得多。后来，阿拉伯人攻占君士坦丁堡，那里的基督徒带着典籍带着学问逃到西欧，这倒促成了西欧的文化复兴。

在这样的背景下，西方近代文化的兴起就显得格外蓬勃。大学的出现，小文艺复兴，文艺复兴，航海和扩张，科学革命，西方文化的改变翻天覆地。就读书而论，近代以来西方的变化比中国大得多。整个近代世界可以说是从阅读的复兴开始的。"文艺复兴"是希腊罗马文化的复兴，我们现在更多谈到的是那时的绘画、雕塑什么的，而据布克哈特说，"古代文化中希腊拉丁的文学遗产比建筑方面的遗迹更为重要，当然也远比流传下来的一切艺术残迹更为重要"。据说，在14世纪的佛罗伦萨，贩夫走卒也识字读书。书籍和阅读这项新兴的爱好就这样繁荣起来，有人爱书如命，不惜倾家荡产增加藏书。意大利有的爱好文化的王公，不惜花费上万的金币搜购古书，雇人抄写。他们也常常慷慨延请文人学士驻留在自己的宫廷，以便就近讨论学问。

活字印刷在西方的文化大复兴里起到格外重要的作用。本来，活字印刷是从中国传到欧洲的——虽然也有历史学家提出异议——但活字印刷在中国和在欧洲所起到的作用是不一样的。我们知道，中国的字很多，常用字就有几千个，即使有了活字排版技术，排版仍然很不方便，所以活字印刷对中国书籍的印行改变不是那么大，有了这项技术，多半还是用刻板。在西方，就那么二三十个字母，改用活字，排版就容易太多了，因此，活字印刷在西方所起的作用是革命性的。据估计，活字印刷之前，整个欧洲的藏书不过几十万册，活字印刷出现半个世纪之后，到15世纪末，书籍增长到2000万册。活字印刷对整个西方的文化的提升有着特别巨大的作用。

跟从前的时代相比，读书这事变化很大。我在美国读书的时候，学校里每年都办旧书大卖场，还没开门，门口就挤满了穷学生，一开门，冲进去挑自己要的书。成千上万本书，书脊朝上摆在大长条桌上，谁抢到算谁的，美国学生眼快手疾，我们留学生眼慢，吃亏。一美元一本的，两美元一本的，三天后撤场，一袋子几块钱。二三十年过去，盛况不再。这两年在美国逛社区图书馆，也都有卖旧书的，也摆在长条桌上，价钱更便宜，无人问津，也就是老头老太太过去瞎翻翻。我自己读书，读过了大多数就送人——没住过大宅子，只放得下那么几个书架，新添一批就得送出去一批。从前，年轻人还挺稀罕你送的书，现在都改网上阅读了，人家看你面子才接受这些书。

总的来说，我们这一代人比你们更爱读书。倒不是说我们多么读书上进，主要是因为我们那时候，读书差不多是汲取知识的唯一途径。我们那时候连电视都没有，更别说微博微信了。电影翻来覆去就《地道战》《地雷战》那几个。我们那时有共同文本——有它可悲的一面，我们有共同文本，一个原因是那时候能够找来读的书数量有限。今天很难凑到几个人，都读过同样的书，共同谈资不再是书，大家都看过的多半是同一个电影什么的。那时候，天南地北的年轻人，聚到一起，都读过一批书，说起读过的书，立刻就可以交流了。书是我们这一代人最好的交流平台。三四年前我在这个图书馆做过另一场关于读书的报告，题目好像是"我们青年时代的阅读"。我说，那时候，读书对我们来说是一种信仰。在当时，读书几乎是一切知识的来源，但远不止于知识，**我们靠读书保持自己的精神**

高度，靠读书来抵制恶劣愚昧，在谎言的汪洋大海里寻找真理。

现在年轻人更多网上阅读，或者读读微信什么的，所谓碎片化阅读。有了网络，流传的文字多了，流传得快了。"作者"多了，更新率大大加速，每篇文字的读者就少多了。即使哪篇文章有几十万点击率，也不是共同文本，很少有人会认真读，多半是草草溜一眼吧。我自己上网，主要是搜索信息。网上阅读本身就有点儿像信息搜索，我是说，网上阅读好像你只是在读重要的东西，而不是完整的东西。读书从来不只是为了吸收信息，读书把我们领进作者的心智世界，我们通过阅读与作者交谈，培育自己的心智，而不只是搜寻信息。培育需要一遍一遍的慢功夫。旧时读书，一字一字细读，读了下文回过头来读上文，还可能背诵不少篇章。就此而言，读书这种学习方式最自主，看电视不行，听音频也不行，我常常听一些语音课程，你当然可以回过头来再听一段，但太费事，所以通常听内容比较简单的导论课。

我们以前不大说信息这个词，说消息，消息里蕴含着真义，呼唤你去理解。密集的信息不一定带来相互理解。一切都在bit①的平面上传播，深心的交流难遇。于是，一方面是信息爆炸，另一方面每个人愈发感到隔绝与孤单。**读书当然要求我们有点儿寂寞，但我们在这种寂寞里跟伟大的心灵交流。**

---

① bit，比特，二进位制信息单位，此处代指互联网络。编者注。

我们说"实体书""实体书店"，这里说的"实体"，可以深一步去想。书在那里，它是个实体，读者围绕着这个实体。搜索信息的时候，我是中心，信息本身没有组织，今天根据我的这个需要组织起来，明天根据你的那个需要组织起来。从前的经典是共同文本，是把读书人联系到一起的实体。从前有经典，今后不再有经典——从前的经典当然还有人读，但只是很少数人。经典不再是读书人的共同文本就不再是经典了，更宜叫作古文献，从读书人床头进了博物馆。从前的经典是成篇的文章，是一大本一大本的书，现在的"经典"是经典段子、经典广告词，一两句话，理解起来、传播起来都容易。它们多半跟时事联系得紧，也更适应于老百姓的理解力。那些段子有的的确很精彩，不过，要紧的不是隽永深邃，要紧的是惊警甚至惊悚，一时振聋发聩，来得快，去得也快，不求经得起一代代咏诵。网络新词也是来得快去得快，出来个新词，一下子人人都在说，到明年，消失了，又换上一批新词。过去，没有报纸、无线电广播、电视、网络这些即时媒体，新词不容易普及，它得先慢慢爬升到文化阶梯上端，然后通过阅读普及开来。有人说，有了网络，我们的语词变得更丰富了，这我可不同意。要说一种语言里有丰富的词汇，那得是这些词汇始终保持活力。

　　语言文字的变化折射出时代精神的变化。人类的精神不再是以经典为顶端的金字塔那样，而会是好多好多结点相互联系的网络——正好跟眼下所说的"网络"呼应。

文字时代和图像时代

不仅是读书，人与人之间交流思想的途径也发生着日新月异的变化，从前，地远天长，交流要靠书信，于是有鸿雁传书，现在，你在美国，他在广州，发个手机短信发个微信就好了。眼前有景道不得，发张照片就好了。

你们生活在一个新的时代。文字时代正在落幕。差不多60年前，先知先觉的人就谈论新时代的到来，有一本书，叫《图像时代》。但那时的图像还不能跟现在比，毕竟，图像制作起来比较费劲，也就是广告、电视热闹点儿，现在有了电脑，有了手机照相，有了互联网，铺天盖地都是图像。你们早就习惯了到处都是图像，我们不是。我们小时候，照个全家福是件大事，现在，一人一天可以产出多少照片？那时中国刚开始有电视，大多数人没见过。街头也没有五颜六色的广告。要看图像，就看连环画。想学油画，当然不可能到国外去看美术馆，运气好的也只能看看画册，而且多半是一些印刷很劣质的画册。今天生产图像变得非常容易。从文字时代转变到图像时代，其中有技术的支持。文字生产和图像生产哪个更容易？这要看技术的发展。刚才说，有了造纸术、印刷术，文字变得便宜了，现在，生产图像变得便宜了，反倒是好的文字越来越少。图像和文字当然很不一样，我们想知道林黛玉长什么样子，写上好几页也写不清楚，拿张照片来一看就知道了，但照片无法取代"一双似泣非泣含露目"这样的文字意象。文字转变为图像，会在好多方面带来巨大的改变，我们了解世界的方式，我们的思考方式，都会剧烈改变。同样还有社会生活方面的改变，比如说吧，读书人以往的优势差不多没有了。在文字时代盛期，大本大本的著作写出来；写出来，是因为有人读。后来，文字越来越短，而且开始从纸面上转到屏幕上，从博客变到微博。文字已是强弩之末。我一用上微信，就说这是对文字时代的最后一击，短信都不用写，直接说话，发照片，发表情包。文字的2000多年就结束在微信手里。好坏再说。

图像时代的大背景是平民化。文字一开始掌握在极少数人手里，后来王官之学传到民间，文字没那么神圣了，但掌握文字的仍然是一小批人，他们构成了一个精英集团。在中国，士人集团既服务于皇廷，也与皇廷分庭抗礼——皇族把着治统，士人集团把着道统。西方掌握文字的是僧侣阶级，他们跟贵族的关系也有点儿是这样：这个世界由贵族统治，但基督教这个大传统由教会管着。印刷术发明之前，书籍是属于精英集团的。王侯以及宫廷文士，会有点儿看不上印刷出来的书籍，这些工业制造品的确不能跟那些用深红天鹅绒包封并配有白银搭扣的羊皮纸书相比，翻开来，里面是抄写专家的精美书法，抄在高质地的羊皮纸上。像彼特拉克这些"人文主义者"，读的就是这样的书，往往来来，多是公侯将相。有一种说法，是说印刷业的兴起导致了人文主义学者的式微。

近百多年，普及教育，首先就是文字普及了，人人都能够读写，掌握文字不再是一种特权，我们就来到了平民时代，平民开始读书了。然而，一旦有了图像，平民就不读书了，他们更喜欢图像，文字成了配角，简单易懂的短短两句。文字是artificial（人造的）的东西，我们需要专门学习，否则就是文盲，与此对照，图像是自然的东西，一幅照片，风景或人像，不用上学也能看明白。文字仍然与精英有种联系，坐在那里看书的百分之九十属于精英，不过，他们不再是政治精英，跟统治权没多大关系。就像印刷业的兴起导致了人文主义学者的衰落，图像时代的到来导致旧式读书人地位的衰落。统治者现在更需要技术专家，而不是读书人——图像生产不靠读书，靠的是技术。技术专家不同于读书人，他们没有很强的道统观念，对统治权没啥威胁，他们也不像工商人士，有自己作为一个集体的诉求。统治阶级下面新的精英集体，读书人和艺术家，工商人士，技术专家，他们是平民时代的三种精英。不过，"精英"这个词不怎么妥当，这个词有点儿过时了，这三种人都是平民，有点儿特色的平民，书读得多一点儿，或者钱挣得多一点儿，不像从前的精英阶级那样掌控着全社会。

我一直认为，到我们这一代，文字时代开始落幕。我们是最后完全靠阅读长大的一代，差不多是2000多年的文字时代的最后一代人。我们两代人虽然只差了40年吧，但你们所处的是全新的时代。

我说文字时代落幕，当然不是说，文字和阅读会消亡，以后就没人阅读了。据艾柯说，书就像轮子，一旦发明出来就永不会过时，哪怕有了宇宙飞船这种用不着轮子的交通工具。的确，没有那么多人去读大部头了，我觉得有点儿像京剧爱好者——现在还有人喜欢京剧，但不像100多年前慈禧那时候，上到宫廷下到街巷，大家都在听京剧，大家都在玩票。文字从前是主导社会的力量，现在不再如此，今后，阅读和写作不再是获取知识、传播知识的主要途径。但文字还会存在，像我们这种关心文字的人也会存在。《红楼梦》和《浮士德》还在那儿，阅读不会消失，永远会有相当一批人仍然热心于阅读。的确，文字有它特殊的品质，不是任何别的东西能够取代的。我们一向叫作"思想"的东西，是跟文字连着的，主要落实在文字上。

说到文字时代落幕，我们这些伴着文字长大的人，难免有一点儿失落。不过，人类生活形态的根本转变，争论它是好事坏事没多大意思。我更关心的是，文字时代到底有什么好东西，寄身于文字的有哪些独特的价值。文字在新的生活形态中会起到什么作用？我们称作"思想"的东西会是什么样子？有一些我们珍爱的东西会失去。叹息归叹息，复古从来都是不可能的事，我是希望将来会出现一种立体的传播方式，把文字保留在其中，它不是全部，但仍然是立体传播过程中的一维。

未来会是什么样子，你们比我知道。不管未来是什么样子吧，曾经有思想的盛世，留下那么多璀璨的作品，毕碌碌一生，欣享还来不及呢。

关于读书

学院里的人，读书是你的本分，当然要多读几本。我们跟古人不一样。孔子博学，但没读过几本书——那时一共没几本书。他们所谓读书，恐怕每个字都记在脑子里。现在，即使在一个小领域里，也有无数的书要读。不过，不同专业要求的读书量也不同。你是研究唐史的，唐代的史料你读到的越多越好。你是数学家，就不一定要读那么多数学书。爱因斯坦说，我需要的只有两件东西：一张纸和一支铅笔。我们哲学工作者间于两者之间吧。

学院里的人读书太少可能不行。但天下的好书太多，没谁能通读。刚才说到了明清，书已经多得读不过来了，今天，每年印行几万本，当然更不可能有人读那么多。我们除了读书，还得学外语，学数学，学生物，没那么多时间读古书，像在《红楼梦》里，那些十几岁的女孩子作诗、行酒令、玩笑，都用那么多典故，典籍烂熟于胸，我们现在只能望洋兴叹了。小阿姨打扫书房的时候问，大哥，您这么多书，读得完吗？我说，读不完。"吾生也有涯，学也无涯"。到了我这把年纪，更不得不挑着读。我年轻时候有个毛病，不管好书、坏书，只要读了前十页，就一定要把它读完。也是因为那时候书很少，好容易逮着书就玩命读。现在书太多了，但很久才改掉积习。现在多半几本书同时读，脑子好用的钟点读费力的书，脑子不大转的时候读轻松的书，一本书一次只读几十页，第二天接着读时会有新鲜感，也不能隔太多日子，否则，读长篇小说，前面的人名什么的都忘了，接不上了。

做研究，不得不读书。专业之外呢？读哪类书倒没有一定，有人更爱读历史，有人更爱读文学，有人更爱读科学。我想，首先是读好书，人生有限。闲读要读好书，有知识含量的书，有思想性的书。不像做研究，你为了写论文，不得不去读好多二手资料、三手资料，就没那么好玩了。读书有点儿像交朋友，当然是挑有意思有内容的人去交朋友，只不过，你看他好，要跟他交朋友，他不一定搭理你，这就不如读书，你看着这本书好，拿来就读，它拗不过你。

最后说两句我们为什么要读书。大贤大智说了很多，我只补充一点儿个人的体会吧。我不想从高尚什么的来说读书。宋朝人明朝人比我们爱读书，不见得是因为他们比我们高尚。这是跟社会情况相连的。他们没有电影没有电视没有微信，除了读书能干什么呀。他们那时候要靠读书来做官，他当然好好读书了，如果看到读了书没什么用，不学无术官做得更大，那当然大家书就读得少了。读书是不是能让我们变得更高尚，这个我不知道，非要知道，得去做实证研究，做社会学的同学真可以把这做成一个研究项目。我个人比较爱读书，同时也比较高尚，但我不知道是读书让我高尚，还是高尚让我读书，也许我这个人碰巧既爱读书又高尚。书读得比我少但人比我高尚的，为数不少。读书是不是让人善良，我也不知道，这个也需要去做实证研究。我们知道，有些坏人读书读得很多，我能列出几个大家都知道的名字。

就我自己来说，读书的好处多多，只说一点吧，读书能让人变得谦虚。你自以为聪明，你读读费曼，就知道自己跟傻子差不多；你自以为博学，你读读雅克·巴尔赞，就知道什么叫渊博了。书不像口传传统，2000多年古今中外，你想知道谁想了些什么，谁说了什么，你上图书馆拿出书来一读，孔子离你不远，亚里士多德离你不远，伽利略也离你不远，你直接就跟人类产生过的最伟大的心灵和智性面对面，就在一张书桌上。书把你带到2000年前，带你去游览中东古迹和美洲的丛林，把你带到宇宙大爆炸，带进双螺旋结构。世界无穷之大，我们得乘着书的翅膀遨游。这同时也是一种超脱，生活里到处是些琐琐碎碎的事情，你把这些破事忙完了之后，读你最喜欢读的书，一卷在手，宠辱皆忘。

虽然阅读主导的时代或者说文字主导的时代已经过去了，虽然我们已经不再是传统意义上的读书人，但既然我们有幸成为大学生、研究生，我觉得多多少少还是沾着一点儿读书人的边，还是应该有一点儿阅读的习惯。我们都知道，在世界上，中国人的阅读量排名很低，希望你们这一代人把排名提高一点儿。

读书与生活

陈彦

作家、剧作家。曹禺戏剧文学奖、文华编剧奖、茅盾文学奖、吴承恩长篇小说奖、施耐庵文学奖获得者。创作《迟开的玫瑰》《大树西迁》等戏剧作品数十部。著有长篇小说《西京故事》《装台》《主角》《星空与半棵树》等。

豫让曰："臣闻明主不掩人之美，而忠臣有死名之义。前君已宽赦臣，天下莫不称君之贤。今日之事，臣固伏诛，然愿请君之衣而击之。焉以致报仇之意，则虽死不恨。非所敢望也，敢布腹心！"

——司马迁《史记·游侠列传》

司马迁的历史著作，在某些方面也是穿越了历史迷雾，甚至让我们读出一种现代意识与未来意识，比如在《刺客列传》《游侠列传》《滑稽列传》《货殖列传》等篇目里，都能找到历史大的脉动与潺湲暗流。

——陈彦

历史上名人繁多，但在我心中，最了不起的还是蒲松龄。我接触蒲松龄作品比较多。因为我既从事戏剧创作、戏剧管理，同时也写小说，因此对蒲松龄特别有感情。

这是我第一次到淄博，出了车站紧急奔赴的地方就是蒲松龄纪念馆。到了淄博，作为一个小说家、一个从事戏剧工作的人，不去朝拜蒲松龄，会寝食难安的。

蒲松龄给我们的影响、给一个作家的影响或者说给一个民族的影响，是多方面的。

一个真正的民间文艺家

首先，蒲松龄是一个讲故事的能手。讲好中华民族的故事，这是一个非常重要的现实课题。蒲松龄既是短篇小说大师，也是剧作家。中国戏曲有千百年的历史，自有蒲松龄后，《聊斋志异》故事剧加起来数以千计，很多故事都反复改编、反复演出过。

我在蒲松龄纪念馆，讲解员讲了其中的一个戏叫《墙头记》。《墙头记》几乎是所有剧种都在演出的剧目。其他一些精彩故事，如《聂小倩》《婴宁》《画皮》《连锁》《莲香》等，包括大家知道的《胭脂》，电影电视都有多方面、多个角度的重新演绎阐释。它是一棵博大的故事之树、精神之树、文化之树，淄博人应该深深地为蒲松龄而骄傲，我们都应该为这个讲故事的能手感到自豪。

除了是讲故事的高手以外，蒲松龄还是真正的语言大师，生动、精当、幽默、老辣，读着他的作品，时时会不由你不拍案叫绝。他的小说需要慢慢去读、慢慢去品，就像读《红楼梦》一样，无论翻开哪一页、从哪里读进去，都会让你沉浸其中。千万不要一次性用几天时间把它读完，这样读就把小说糟蹋了，而是应该一篇一篇地详细去琢磨、体味他的叙述、表达、抖落以及"拍板定案"方式。他不经意，你更要有一种不经意，妙处就在了。有时候翻译出来的白话文读得索然无味、意蕴尽失，找回原文来读，就感觉精彩仍在字里行间。

有很多人在研究蒲松龄，他的后人可能有很多他的故事的讲解和记载，其实我们从蒲松龄的小说中就能读出蒲老的性格。我觉得他不仅仅是一个孤愤的人，一个郁郁不得志的人，也是一个达观的人，一个充满了幽默感的人，总之，是一个十分有趣的人。跟他相处，可能有悲催，但更多的兴许是愉快。他能把任何问题都看通透了，看得上天入地、人妖互置、现实与自然界限全然打通了。**他愤怒，他也平和；他郁闷，他也释然，这是我读蒲松龄的一种直觉。**

蒲松龄是一个真正的民间文艺家。为什么这样讲呢？我们很多伟大的作家的生命都深深植根于民间，在民间汲取营养以后生长出来，继而走进文学的殿堂。我们的《诗经》、乐府诗不都是从民间搜集上来的吗？很多大诗人，不管李白、杜甫，甚至其他很多作家，都是汲取了广博的民间文学营养才成就了伟大之作，包括四大名著中的《西游记》《水浒传》《三国演义》等都是如此。

据说，蒲松龄摆了个茶摊每天听路边人讲故事，但是我在纪念馆时听说这是不可能的，蒲松龄没有那么多时间。他要在大户人家家里教书，要谋生，这边还忙着要"高考"。他的事情很多，可能没有那么闲适。他可能没有摆那个茶摊，但我坚信他有一批非常要好的民间朋友，包括亲戚，在一块听听他们讲故事。这些故事很多都不是他编出来的，他只是进行了文学的再创造。他会听故事，会进行生命形塑、精神升华，民间寻常流传的故事，有时就是街谈巷议，甚至很无厘头，但他能化腐朽为神奇。比如他笔下对狐狸、对一些鬼、对一些死灵魂，都给予了极大的同情和生命与精神的复活。这个复活，让我们更加深刻地、多维度地认识到社会与人性的复杂。

这都是蒲松龄伟大的民间意识与创造精神所带来的。

文学创作有多种思潮波起云涌，浪漫主义的、现实主义的、自然主义的、唯美主义的、象征主义的、现代主义的、后现代主义的等等。这大多是近一两个世纪以来的总结概括，可拿到蒲松龄那里，就觉得哪个主义都有一点儿，哪个主义也都不是。似乎魔幻现实主义更贴切一些，可蒲老又哪里听说过这个"高大上"的玩意儿，但他很轻松地打通了人与自然的壁垒，玩了很多很高级的"穿越"游戏。故事里的狐狸、鬼怪与人间的交往从来都是无隔膜无障碍的，说来就来、说走就走。来了以后，人也不觉得奇怪，在一起生活、爱情，知道他是狐狸也没有觉得有什么不妥，并且假定得让看官也坚信不疑，这就是蒲老的高级了。

蒲松龄之后，有很多人在学习蒲松龄，为什么没有写出跟《聊斋志异》相同水平的作品，我想一个最大的问题，就是一个人的生命体验与别人是不可能相同的，所产生的精神文字，自然也会千差万别。现在正流行一个叫ChatGPT的科技概念，说是把一些信息输进去它就能写出好的诗歌，也能写出好的小说，我坚信它写不出《聊斋志异》。蒲松龄是不可替代的，替代不了的正是他的生命经验个性、精神情感温度以及他那个时代的山川地貌、人情物理形塑。他独特到了不可模拟的程度。

司马迁的宏观与微观

前边我们谈淄博的蒲松龄，后边我想谈一谈司马迁。我是陕西人，陕西有一个非常伟大的作家，也是历史学家，叫作司马迁。司马迁的《史记》和司马迁的个人故事，也是为中国戏剧、为中国当代的电影电视行业贡献了无穷故事和精神价值资源的一眼深井。有一年，我接了一个活儿，有幸写关于司马迁与汉武帝的一个电影剧本，但是最后没有拍。为写这个剧本，我把《史记》认认真真地过了三遍，因为此前泛读过一遍，并且我背诵了他的《报任安书》。《报任安书》从司马迁的家族史，到他个人的成长史，以及最后《史记》的完成情况等，都表述得非常清楚，简约而精致。

司马迁既是宏观历史学家，同时我觉得他也是一个微观历史学家。"究天人之际，通古今之变，成一家之言"本身就负载着多重同构的巨大内涵。微观历史学是近些年或者近几十年在世界比较风靡的一个历史观，就是进入细胞内部或社会底层，解剖一些事件和生命最微小的声音，让人去体味更宏观的历史的丰富混响。司马迁作为一个史学家、国史记述者，我觉得他不仅做了宏观上的、对此前3000年历史的讲述，而且在微观上，有许多了不起的贡献。有时是双向互动，宏观、微观并存。比如《项羽本纪》，既写了大事件，也写了一些历史微声。金戈铁马、长风浩荡、火烧阿房、不可一世，但也有"霸王别姬"、乌江"死穴"。项羽最后来到乌江边，小亭长给他准备了一条船，让他逃回到江东去，以图东山再起。项羽说"不了，我带着八千江东子弟打天下，只剩下几个人活着回来，已无颜见江东父老。船我不坐了，乌江我也不过了"，并且把他心爱的乌骓马也送给了小亭长。而故事还远远没有结束，司马迁进一步发掘了这个悲剧英雄最后的灿烂。项羽遇见了自己的老部下，觉得"我再没有什么好处给你们了，只有把我的头割了，拿去领赏去"。然后，项羽真把自己的头割下来给了老部下。这些激荡人心的微声，烘托了项羽在大历史、大悲剧中的丰厚形象。

对刘邦的记载我觉得更有意思。历史大关目自不必细说，给我印象最深的是彭城之战失败时逃跑的细节。怎么跑刘邦都觉得车速太慢，他急到什么程度了呢？甚至把一儿一女都从车上扔下去了，以求自保。扔下去的儿子，就是后来的惠帝刘盈。他把孩子推下去后，车夫又把孩子抱上来，说怎么能把孩子扔了呢？刘邦说，现在要的是车速，要的是逃命。车夫说孩子的命也是命啊，又抱上来，还是被他推了下去，先后反复三次。最后车夫跪在地上求他，他才勉强把孩子带上走。这是一个大人物的历史微声。司马迁的历史观跃然纸上。

还有个细节，当然带着一种玩笑的味道。刘邦成功以后回到老家省亲，他爹过去曾对他唠叨过：你不行，看你二哥多勤劳，家里置了多少亩地呀，那日子过得全乎的，什么都有了，大致是这个意思。刘邦当了皇帝回来，问老爹：你看我比我二哥谁厉害？我的地多还是他的地多？我的财富多还是二哥的财富多？逗得所有大臣哄堂大笑、前仰后合。挺有意味的一个细节，我觉得，这些东西是一个作家和历史学家要特别关注的东西。历史的一些细小声音是特别重要的，一部伟大作品，常常伟大在它的细节。

司马迁对失败者永远都给予巨大的同情。比如说他写的《伍子胥列传》。伍子胥是楚国人，因为他父亲伍奢遭人陷害，楚平王要把他一家人都干掉。最后一家人保伍子胥一人得逃，其余被灭门。伍子胥孤身一人逃到吴国，辅佐了两代君王，其中第二位就是夫差。确切地说，夫差还是他促上国王宝座的。他多次跟夫差说，越王勾践这个人不可信，不能放，要把他早早灭掉，不然将会对吴国构成最大的危害。但夫差始终没有听他的建议。再加上他性格比较倔强，最后反倒把亲手送上王位的夫差给得罪了。夫差甚至让他自裁了断。他自杀的时候对别人说：把我的眼珠子挖下来，挂到吴国的城门上吧，我要用我这颗眼珠见证越寇灭吴。

司马迁写了一批失败的人物，这样一些悲剧，为我们国家的戏剧以及其他艺术门类，包括小说，增添了很多精彩的故事，也给人世间增添了很多警醒。我觉得有些比莎士比亚那些大悲剧，更具有深刻性，对人性具有更广博的洞察力。

比如《李将军列传》。李广一辈子跟匈奴打了70多仗，但因为他对底下人亲如兄弟，却对指挥官多有不敬，因此能立功的仗、简单的仗就是不让他打，都叫他打一些艰苦的仗、难打的仗，让啃硬骨头和鸡肋去。打到最后，他给人的感觉就是，失败了好像是胜利了，胜利了又好像是失败了。有时候胜利了，但功劳总归不到他名下，最终也没摆脱被逼自杀的命运。有一句成语叫：冯唐易老，李广难封。司马迁对这个人给予了巨大的同情。总之，《史记》有时候是以小博大，有时候又是以大博小，人物写得十分多彩。

现在历史微观研究，是一种显学。意大利有一个学者，叫卡洛·金茨堡，他写了两部书都是研究历史微声的。一部叫《奶酪与蛆虫》，一部叫《夜间的战斗》。写的是16、17世纪宗教审判中错判的一些案例。这些案件，这些历史的微声，让人们回到过去，看到历史在大的进程中一些普通生命的可怜、可悲与无奈、无力感。从这个层面说，司马迁的历史著作，在某些方面也是穿越了历史迷雾，甚至让我们读出一种现代意识与未来意识，比如在《刺客列传》《游侠列传》《滑稽列传》《货殖列传》等篇目里，都能找到历史大的脉动与潺湲暗流。

司马迁是一部读不完的大书。

读万卷书行万里路

在阅读方面，我们有历史传统，比如"耕读传家久，诗书继世长"等。现在国家也十分重视全民阅读、书香中国。阅读首先是要阅读书籍，就是有字书。还有一个最重要的阅读，是"无字书"，就是要做好田野调查，古代也叫"壮游"。读万卷书，行万里路。行万里路在古代是非常难的一件事，一走几年，算一算，也就几千里地。而现在我们坐飞机日行万里也不是难事。但恰恰是因为我们双脚远离了大地，而失去了读"无字书"的实际与乐趣。我们的生命实践、体验就显得不那么丰厚圆润，有时甚至会显得特别干瘪、单一、孤独，常常活得就很焦虑。

我想我刚才讲的蒲松龄，估计是一个注重行走的人。可能走不远，但一定会时常走起来的，因为要聊天，要谈故事，要搜集素材。司马迁在20多岁的时候，就周游了三年，《史记》

里记录的一些古战场与重要历史遗迹，他都要尽可能地走一遍，用自己的步伐去丈量丈量，因此修辞才能那么生动精彩、有现场感。

很多古人，包括今人，都是注重游历的。比如李白，多半生都在漂泊、行吟。他的"不及汪伦送我情"，据研究，汪伦很可能就是李白一个新认识的酒友。还有丹丘生，也是酒友吧，一路走、一路喝、一路写，见多识广，乐山乐水，通透人性，自然高人一筹。唐玄奘西行5万里，走了200多个国家，口述完成了《大唐西域记》，当然这200多个国家当时都是比较小的，有的方圆才百里左右，有的更小。今天的印度、尼泊尔、巴基斯坦、孟加拉国等地，玄奘都到过。走了这么长时间，写了《大唐西域记》，可以说成就了他生命中的一个精神高地。后来吴承恩是借着这本书，才完成了伟大的《西游记》。宋元明清杂剧里也有很多是根据《大唐西域记》进行创作的杂剧。还有徐霞客，一生行走了30多年，写了260多万字，给我们留下了宝贵的人文地理知识财富。今人费孝通先生，对乡村的调查持续了一生。他始终双脚踩在大地上，《江村经济》《乡土中国》等，都是值得我们反复阅读的大书。还有梁思成，他当时对河北和山西进行了15年的民间调查，就是一个一个地方地找古建。我们今天所知道的赵州桥、山西的应县木塔，都是梁思成在考察时发现的。

在民间能找到很多非常宝贵的东西。我觉得一个人除了读书还要行走，就是尽量把双脚踩在坚实的大地上。作家柳青，为了了解中国农村的状况，从北京搬到陕西长安县（今西安市长安区）的皇甫村，一待就是14年，实实在在地在村里当了农民，写了《创业史》。还有路遥，他是陕北人，为了写《平凡的世界》，住在条件比较一般的招待所里，每天看着矿工下井、升井，孤独地进行着生命书写。陈忠实先生，当他写作遇到瓶颈后，毅然回到出生的乡村，用5年时间，完成了一本"垫枕头"的大著《白鹿原》。贾平凹是商洛人，每年都会回到这片土地去反复走读，从而完成他有关"秦岭"的系列书写。

陕西有一个画派叫"长安画派"，它有两句话我觉得用于文学或者用于好多方面都是适用的，我也到处、反复讲这两句话："**一手伸向传统，一手伸向生活。**"法国有个哲学家，也是剧作家，叫狄德罗，他写了一本书叫《拉摩的侄儿》，非常有名。狄德罗讲，作家要深入生活，要深入乡村，要深入茅棚，要深入他们的左邻右舍，要揭开他们的锅看一看锅里在煮什么。他对画家也提出了一个问题，他说，整天画模特儿有什么意思。当然，了解人体的结构，进行解剖学意义上的技术训练是可以的，但是作为一个好画家，要到公园、到劳动场合去看真实的人他们在怎么生活，他们肢体在怎么运动。

走读、游历、行吟、深扎。也有例外者，有些人可能确实是无法去游历，也同样取得了巨大的成就。比如阿根廷的知名作家，也是在中国文学界风靡了几十年的博尔赫斯，他有一句著名的话："如果有天堂，天堂应该是图书馆的模样。"博尔赫斯正是阿根廷国家图书馆的馆长。他在40多岁的时候，眼睛就看不见了，可他还管理着80万册藏书。博尔赫斯说这是命运对他的巨大捉弄：拥有这么多的书，上帝却剥夺了他的眼睛。靠着秘书每天给他阅读，博尔赫斯写出了世界上所有作家都觉得特别精美的小说、散文，以及理论文章，被誉为"作家中的作家"。我们看他的小说时会有一种感觉，他把人类的很多精彩故事集中到一起，将历史、现实、人性、自然做成"压缩饼干"，表现出一种巨大的人类生活的象征性与隐喻性，甚至寓言性。

从阅读来讲，我们可能还是要读经典。读经典的根本目的，还是为了了解我们的生存背景、历史来由，从而更好地认识现实，把握未来。现在我们碎片化阅读倾向的确比较严重，每天在手机上看一看，什么名著，什么博尔赫斯，百度打开，用一两分钟时间，可能就觉得彻底了解了。《聊斋》的一个故事，读者可能看到前面的简介部分就知道了，也不想读了。而阅读恰恰在深耕细作，比如《红楼梦》，哪一页打开读着都有趣，可只了解个"宝黛爱情"，或"满纸荒唐言，一把辛酸泪"等几句概括的话能行吗？什么好书的好处都读没了。好书哪怕一个月只读一本，也是要深入地去读、去了解的。《聊斋志异》的伟大之处，正在字里行间与娓娓道来的微末处。我在十几岁的时候，读书都是做的笨功夫，背过唐诗三百首。后来三四十岁的时候，每天早晨起来在院子跑步时都会拿着个小纸片，背诵、小跑一小时，《论语》《孟子》《中庸》《大学》，包括老子的《道德经》，《庄子》的部分章节，都是通过早上跑步背诵下来的。尽管很多都忘掉了，但我相信它在化合。我不是要做一个"老古董"，而是觉得我们这一代人传统文化的底子太薄，需要补课，需要知道我们是从什么地方来的。

中华民族一直是非常爱书的一个民族。我到王渔洋纪念馆参观时，有个细节非常打动我：王渔洋家里买了一些地，交给后代去种，告诉他们说丰收以后收成都是你们的，但有一个条件——必须让孩子去读书，你要不让孩子读书，我就把地收回来。这就是我们中华民族最了不起的根性文明。现在社会上出现了一些诸如读书无用论的说法，值得思考、研究、重视、梳理、引导。正是困境，才需要发奋读书，明白事理，从而改变精神生命的走向。如果不读书，会更没有希望的。淄博出了王渔洋这个人了不起，他对我们今天的读书生活有巨大启示作用。

仰望星空，脚踏实地

我写作是秉承先辈的传统，一是尽量写自己熟悉的生活，二是一切都从生活出发。从长篇小说《西京故事》，到"舞台三部曲"《装台》《主角》《喜剧》，无不是循着这个路子一路写来。只有写熟悉的生活，我们才能既努力写出"面子"，也尽力写出"里子"，不然可能连"面子"都摹写不下来，怎么走进内心的"里子"？生活是一口无穷的深井，也是一条无尽的河流，生命精神的张力都在深井与河流之中，其余就看我们钻探的能耐了。

我最近写了一部长篇小说叫《星空与半棵树》。这部书其实也把我多年对天文学学习的一些知识，更多的是一种认识世界的方法带了进来。哲学家康德说，他一生时时要思考的就是两样东西，一是头顶的星空，一是脚下的现实的道德律。人类在认识星空的这个路径上留下的故事很多。过去不了解宇宙的时候，人们把星空中、大地上发生的所有"天象"，都归结到一种不正常的"神鬼作祟"上，通过科学发现逐渐认识自然后，也有了另一种能力，就是通过对自然的反观，认识人类自己和把握自己。

我们前边讲的司马迁，既是一个历史学家、文学家，也是一个天文学家。《史记》的《天官书》里已经讲到日食和月食是一种天体的规律性运动，这是司马迁和我们的祖先对天文学的重大贡献。古罗马时期的天文学家托勒密第一次提出"地心说"，认为宇宙是以地球为中心的。因为他当时看到头顶的星空都在旋转，而唯有地球是不动的，由此提出了"地心说"。离现在500年前，哥白尼才发现托勒密说得不对，提出了"日心说"，认为地球是围绕着太阳转的。后来意大利有一个天文学家叫布鲁诺，因为坚持哥白尼的说法，被教皇烧死在罗马的鲜花广场。人类认识自然、认识自己的生存背景，是十分艰巨的过程。直到近几十年或近百年，我们才逐渐搞清楚，太阳系只是宇宙中一个非常不起眼的星系，而且并不在银河系的中央，大致在胳膊肘的位置。像太阳系这样的星系，在银河系有

2000亿个。而像银河系这样的星系在宇宙当中，现在所知道的也在数千亿个以上。浩瀚的宇宙，现在人类还无法知道它的边界，只是对太阳系有所了解。太阳的体积是地球的130万倍，它的质量占了太阳系总体质量的99%，我们地球小得有点儿可怜。就目前人类创造的飞行器速度，人类还无法飞出小小的太阳系。

你可以想象宇宙有多大，人类有多渺小。

我在《星空与半棵树》里，写了一个最基层的小公务员，他是一个天文爱好者，喜欢操心天体这样的大事，但他脚下要负责的却是鸡毛蒜皮、家长里短的小事。村里有两个人，为一棵树的权属问题闹得不可开交，公务员为维护弱者的半棵树权利，几乎奉献出了十余年的生命精力。在星空看来地球都不是个事，何况半棵树。但这半棵树却牵扯着一条生命，一个家庭的面子、里子与活人的尊严、骨气问题。观测星空的小公务员，便在一种十分简单也十分复杂的大小社会面向纠葛中，展开了有关头顶星空与心中道德律的生命交响合奏。

我们要学习的东西很多，读书与生活是一个非常大的题目。向传统学习、向蒲松龄学习、向司马迁学习、向王渔洋学习；也要向自然学习、向现代科学知识学习。要阅读，要让自己具有较大的精神荷载力。少读那些厚黑学与速成法，世上没有捷径可走。尤其在淄博这块土地上，有这么多了不起的人物，包括我在临淄齐文化博物院看到的姜子牙，还有稷下学宫的系列人物图谱，是取之不尽、用之不竭的文化精神财富。够我们淄博人骄傲，也够我们淄博人踏上巨人的肩膀继续前进了。

当然读书也是为了更好地生活、明白地生活，生活得更加愉快。人生确实还有一个如何快乐活着的问题。张岱说："人无癖不可与交，以其无深情也。人无疵不可与交，以其无真气也。"这又让我想起蒲松龄一篇小说《酒友》来，写得非常有趣。说淄博有一个叫车生的人，一天喝了酒半夜醒来，一摸身边怎么有个人，还毛乎乎的。举烛一看，是只狐狸，喝得酩酊大醉，再看自己床头上放的酒坛子，都喝空了。他也没惊动狐狸，只是想等着看这家伙醒了怎么办。狐狸后来醒了，车生只是说：你睡得美！呼噜也打得美！狐狸吓得赶快变成一个帅小伙，跪在床前磕头作揖不停。主人非常快意淡然，说想喝了再来。第二天晚上狐狸还真来了，两人，不，一人一狐，趣味相投，由此成了好友。后来狐狸连续给车生支招，让他发了家，娶了媳妇，并且还指导他做生意买卖，干一样成一样。直到车生死去，狐狸才再不来了。这篇小说可以做多重解读，但我依然认为最美好的解读就是《酒友》本身，情趣相投的人一起喝点儿小酒，谈点儿人生、狐生，是再幸福快乐不过的事情。当然，狐狸若能跟车生再谈谈读书就更妙了。

读书是一种宁静的辉煌

迟子建

作家，庄重文文学奖、鲁迅文学奖、茅盾文学奖获得者。著有《额尔古纳河右岸》《群山之巅》《世界上所有的夜晚》《北极村童话》《白雪乌鸦》等。本文选自《北方的盐》。

用自己的见解胡说八道——总比千篇一律地转述别人的真理更好；在第一种情况下，你是一个人，而在第二种情况下，你仅仅是一只学舌的鹦鹉！真理不会溜走，而生活却可以被凝滞，例子有的是。喏，现在我们怎么样了？在科学、文化修养、思维、发明、理想、愿望、自由主义、理性、经验，以及一切，一切，一切，一切，一切方面，我们所有的人无一例外都是中学预备班的学生！喜欢依样画葫芦地搬用别人的智慧——这已经积重难返了！

——［俄］陀思妥耶夫斯基《罪与罚》

读过陀思妥耶夫斯基的作品，才觉得学生时代为我所珍爱的屠格涅夫作品的简单，他因为唯美而显得苍白，而陀思妥耶夫斯基却是经久不衰的。

——迟子建

读书带给人的好处并不是只言片语就能说尽的。这个世界留给我们的最巨大的遗产不是高技术文明所带来的一切生活上的便利和好处，而是群星一样灿烂地照亮夜空的丰富的文化宝库。书籍便是其中最为持久明亮能够照耀我们生命的星辰。

书籍是无声的音乐，是绚丽的绘画，是巍峨的建筑，因为只有它才能纳百川于一海，才能包罗万象，才能将历史活生生地再现在人们面前。

书籍能让我们感受到已逝世纪的灯火、黄昏、繁荣和颓败，书籍也能告诉我们这个世界正在发生的我们无法涉足的鲜为人知的故事。

书籍将人类自身无法逾越的障碍和局限揭示给我们，而且毫不保留地将人的痛苦、幸福、愉悦、悲伤、烦闷、绝望、矛盾种种复杂心理启示给我们。从这个意义上说，我们无法离开书。

我真正接触书是在上大兴安岭师专之后。在此之前我同偏远山区的大多数孩子一样，最大众的语文课本便是所能读到的全部的书，而且并不知晓这世界竟留存着浩如烟海的好书。

我在师专学中文专业，课程不紧，有大量的读书时间。学校的图书馆藏书有限（可在当时的我看来，那图书馆里的书够丰富的了），我开始读莎士比亚的戏剧，读罗曼·罗兰的作品（他的《约翰·克利斯朵夫》几乎为大多数同学所喜欢），读拜伦、雪莱、普希金的诗，读托尔斯泰、高尔基、狄更斯、海明威、鲁迅的小说。这些作品给我展现了一个丰富多彩的世界和人生，从此我爱上了读书。

大约最初的读书者都是由读名著开始的，《红楼梦》《三国演义》《钢铁是怎样炼成的》《牛虻》《战争与和平》《远大前程》《红与黑》等等。而有时也读一些未必就是最好的书，但是这种读书的积累过程却也是必需的。

离开大兴安岭后，我又辗转于西安、北京求学，尤其是在北京读研究生的三年时间里，我读了更广泛的书，而且已经开始有所选择和挑剔地读书。

读过陀思妥耶夫斯基的作品，才觉得学生时代为我所珍爱的屠格涅夫作品的简单，他因为唯美而显得苍白，而陀思妥耶夫斯基却是经久不衰的。

读了郁达夫的作品，我则萌生了应该重写中国现代文学史的念头，郁达夫应该在其中占有重要的独立的特殊的一席，因为他的精神成就在同时代的作家中是独一无二的。

我还喜欢读艺术家的传记，如《梵高传》《莫扎特传》《海明威传》《蒙克》《红磨坊》等等，艺术家苦难的生活和艺术之路给我的精神生活以极大的滋养和激励。

由于商品大潮的层层冲击，使得教育也受到了空前的波动。人们变得越来越"务实"了，快餐文化应运而生，但它如同一次性消费的餐巾纸一样时髦却又简单轻薄。许许多多的青年嘴里嚼着口香糖，走在商业广告牌林立的大街上，哼着港台流行歌曲的旋律；乏味空洞、软化人们精神气质的多集室内电视连续剧占据着我们的黄金时间。

书籍因备受冷落而蒙尘，这种时刻，我越发觉得读书对一个人的重要，也越来越觉得教育对于成长的重要。我是多么希望中学生朋友们能在闲暇唱卡拉OK和玩电子游戏机的同时也读一些书，书不是一吃即灵的特效药，书是雨露、阳光和好空气，它给人带来的益处是悄悄来临的。

别小看那一本本无言的宁静的书，一旦迷上它，你会为那无与伦比的辉煌所叹服的。

阅读的真谛是君子以同而异

余世存

诗人、学者，毕业于北京大学中文系。曾任《战略与管理》执行主编，《科学时报》助理总编辑。主持过十年之久的"当代汉语贡献奖"。著有《立人三部曲》《非常道：1840—1999年的中国话语》《老子传》《人间世：我们时代的精神状况》《家世》等。

一个人的肌肉缺乏锻炼，以后还是可以补偿的；而智力的飞跃，即心灵那种内在的理解力则不同，它只能在形成时的决定性的那几年里进行锻炼，只有早早学会把自己的心灵大大敞开的人，以后才能够把整个世界包容在自己的心中。

—— [奥地利] 斯蒂芬·茨威格《昨日的世界》

我觉得一个时代，如果有很多的人在参与创造，特别是参与这种精神的创造，非常有意义，它一定能够流传下来，给我们后人一种滋养、一种启迪。

——余世存

我大概在 10 年前研究中国易经文化的时候，有个意外发现。世界读书日，4 月 23 号是一个什么日子？我用中国人的重要文化元素——阴阳这两个符号，将日期排列组合，组合到 4 月 23 号，居然是火泽睽卦。睽卦是什么意思？就是睽视，就是左顾右盼。我没想到一个古老的阴阳文化，它的排列组合居然跟现代的节日有相印证的地方，这是让我特别吃惊的。我们还看到，世界读书日是在暮春时节，正好谷雨节气刚刚到来，"林花谢了春红，太匆匆"。过去的中国人有一种迎春、送春、见春的习俗。暮春时节，我们怎么送别春天？古人有很多种仪式，比如说王羲之有王羲之的仪式，所以他能够写下《兰亭集序》；孔子有孔子的仪式，他和他的弟子们在一起诉说人生理想的时候，他的弟子说，"暮春者，春服既成，冠者五六人，童子六七人，浴乎沂，风乎舞雩，咏而归"。孔子就特别赞叹这种生活方式，觉得这才是一个理想的生活。那样周游列国，整天看别人脸色，他可能觉得那是"知其不可为而为之"的一种。他更理想的生活或许还是暮春时节，跟弟子们一起享受春天。所以这是中国人的一种对春天的感觉。王羲之的儿子王献之说过一句很有名的话："从山阴道上行，山川自相映发，使人应接不暇。"意思是说，在暮春时节，你看这山川大地好像在诱惑你，向你招手，让你去看它。你真的是左顾右盼，顾不过来。

如何告别"昨日的世界"

我在研究易经文化的时候，发现它跟世界、跟中国人的时间元素、跟现代的阅读有密切关联。这是我的理解。我为什么回到了中国的时间当中来，这源自我的阅历。大家一看我的履历，就知道我是属于哪类人。我们现在看一个朋友的履历，基本上可以判断，他受的教育是一个什么样子，他所处的时代是一个什么样的环境，就能理解他的关切点。比如20世纪80年代的大学生活，大家都知道那是一个文化热、方法论热的时代，那个时代的中国人受现代主义的影响很深，受科学的影响很深。

当时我们认为我们是现代的，而现代就代表着伟光正，代表着有审判力，所以可以审判我们的传统文化。我觉得这是20世纪80年代以来很多中国人的心理。比如对于传统文化的看法，首先不管你是谁、我读没读过你、有没有读懂你，但我可以审查你，说你有糟粕也有精华，所以会说"取其精华去其糟粕"。这是我们对传统文化的一个看法，好像我们还认为，这个看法特别辩证。所以从80年代以来，一些中国人对传统文化其实还处于一种隔膜状态，我们很有优越感，自认为对传统文化有判断力。包括现在，我经常看到朋友圈，看到网友们在为中国文化和西方文化争来争去的时候，会觉得有一种似曾相识的感觉，就想到了我们年轻的时候，一说起中国的中医、传统武术、易经文化，马上会引起另外一批人情绪激烈的反应。这其实就是现代人站在一个现代立场上的优越感，一种高高在上的感觉，好像我们可以去审判前人，可以去审判我们的传统。这其实也是我曾经走过的道路，就是我想跟大家讲的"昨日的世界"。

从母语中寻找归宿

但是我在大学毕业后的一段时间，也跟现在的年轻人一样，陷入两种不太好的状态。一种状态，用当年的心理学的话讲，叫幽闭恐惧，是一种独处状态下的幽闭恐惧，还有一个是荒漠恐惧。这两个状态恰好可以对应当下年轻人口中的躺平和迷茫。所以我一直觉得，现在年轻人所经历的这种时代的状况，跟任何一个时代的人所处的状况大同小异，或者叫异质同构。当时我也处于这样的焦虑迷茫，甚至一种摆烂状态中。但我觉得，作为一个北大出来的人，还是不应甘于沉沦，要找点出路，怎么办？那个时候就觉得，我在大学学的那些东西，那些理论也好，那些现代派大师给予我的熏陶也好，都还是不太管用。所以找出路的时候，就找到了中国的经典。我跟很多朋友都倾诉过，我说我找到了庄子。

90年代中后期，我几乎每一年的冬天都抑郁，但是一到春天，我去把《庄子》再读一遍、翻一遍的时候，一下就觉得生发起来了，觉得自己被打开了，而且一下子觉得自己曾经怀疑的、质疑的文化以及语言是有意义的。比如我们的母语——汉语。我跟很多朋友讲过，很多人对我们自己的母语产生了质疑，认为这个语言不够有效，不够有质量，不够安身立命，所以很多人，尤其是年轻人都愿意去学习其他语言，在其他语言给予的世界中，他认为自己找到了意义，找到了归宿，找到了认同。我觉得这样也很好。我前不久遇到一个80后，她是中国女子帆船环球航海第一人。她说，当她航行到赤道附近的时候，突然想到：如果我是这个岛上的居民，我就出生在这个岛上，那么我的语言就不是汉语。在这个世界里面，我是不是能安身立命？回答是肯定的。也就是说，**任何一种语言，任何一种只要是你的母语给予你的，都可以让你安家，让你找到归宿**。所以我们不应质疑自己的语言。而我当年质疑的时候，因为很碰巧遇到了庄子，我用我读过的西方现代文学标准——在我看来是顶级的标准，打量我们的庄子，我发现庄子跟他们在一起，不仅毫不逊色，甚至是高于很多现代派的作家。

"抄"出一本畅销书《非常道》

那时候，我就对我们的语言有了极大的信心。我说，真正糟糕的是我们自己，而不应该怀疑自己的经典、自家的传统文化。所以从20世纪90年代中后期开始，我的阅读开始回到了中国，回到了中国的经典。2005年我出版了一本书叫《非常道》，这本书其实是我抄书的结果。我抄过很多卡片，后来当我思考怎么处理这些卡片的时候，发现它们可以编成书了。我本来雄心勃勃，想写一本理论书，抄卡片只是给理论做注解。没想到抄完书后发现，根本不需要我来写理论书了，这些卡片本身就已经在一起，生成了意义。就像我们很多人坐在这里，不需要再去注解另外一个了不起的人，而是说我们这些人坐在这个地方，我们相互之间就构成了一种意义。当时，这是我写卡片的一个特别大的感受，所以就把我的卡片整理一下，交给了出版机构，后来成就了《非常道》这本畅销书，那是在2005年。

如果回到那个时代，会发现中国所有的媒体，无论是报纸杂志还是网络，都没有用段子体的，是我的《非常道》开创了当代汉语的段子体。说起来，这也只不过是我抄卡片无意中抄出来的一个结果。所以我说，抄书很有意思，给我抄了一本畅销书出来。

说到抄书，我还要往前追溯，我什么时候有了这种读书习惯的。大学刚毕业时我认识一个广西人，初中没毕业就跑到北京来，因为家里太穷，没有读书。但这个初中生的旧体诗写得特别好，所以他就用他的旧体诗，敲开了很多北京文化名家的门，比如叶嘉莹先生、钱锺书先生这些传统文化或国学深厚的名家。后来他跑到北大中文系去听课，又跟很多同学成了朋友。那时候很多人都看不上他，觉得一个初中生居然来跟我们谈学论道，没有人理他。他的生活特别艰苦，基本上在食堂里面打四两饭，再到我们宿舍里面要一壶开水，用开水一泡饭就呼啦啦吃下去，然后就去读书。我可能当时对他比较好，所以他对我特别感激，我们就交流多一点。当时他见钱锺书先生也好，见叶嘉莹先生也好，我没有跟去。等到大学快毕业时，他说，我今天要去见舒芜先生，你干脆跟我一起去。舒先生是20世纪80年代知名杂文大家。后来我经常去舒先生家，跟先生打交道比较多，舒先生教了我很多关于东西方文化的比较方法。比如他看到我们特别喜欢读西方现代派文学的书，有时就会暗示或提醒，其实当代人的书或中国的书，也有很多可以读的。我说，您虽然德高望重，但毕竟只是一个写杂文的，怎么能对西方文化这么看？他就会呵呵一笑，说自己年轻的时候，对黑格尔、康德这些西方的哲学美学一点也不陌生，还给我看了他年轻的时候写的那些论文，我非常震惊，他在20世纪三四十年代所写的论文水平，我们这个年代的大学生都写不出，而且确实是受西方文化的影响很深。就是这样一个人，后来写杂文写得那么深入浅出，通俗易懂，其实这就是我要学习的。因为我们那个年代的文字以晦涩著称，讲的话，写的文章，句子越长越好，绕得别人越看不懂越好。通过舒先生我发现，人应该尽量讲话讲得明白一点。

舒先生教给我的还有一点，就是读书应该记录，做卡片。他说，好记性不如烂笔头。先生还给我看了他抄的卡片，五斗柜里全是他抄的卡片，当时我就觉得，应该向前辈学者学习，来抄卡片。于是，我在2003年前后开始做卡片，至少上千张是有了，就这样把这些卡片编成了《非常道》。

抄书是我受益终身的一件事，我一直劝年轻人，也劝那些跟孩子一起学习的家长，跟孩子一起读书，也要自己去读一本书，把这本书抄下来，抄熟，变成自己的。这样跟孩子的交流才是真正有意义的，否则，跟孩子的交流是不够的。有几年我在北京找不到方向的时候，就找一本书，慢慢抄下来，比如杜甫、王维的诗，老子的《道德经》我都抄过很多遍。最有意思的是2009年，我抄《道德经》抄到第二遍的时候，还没有抄完，就想着应该不用再抄了，我可以来写老子的传记了。所以我在2009年夏天放下了抄卡片的事，开始写老子的传记，从夏天写到秋天。我印象很深，当时基本上以一天两章的速度，半个月之内就把《老子传》的27章初稿全部写完了，写得非常痛快，非常过瘾。为什么能写这么快？尽管当时的网络确实给了我们读书写作的便利，但主要是得益于我平时抄卡片。我出的书可能还比较多，但是《非常道》《非常道2》《人间世》《老子传》，这些书基本上都是抄卡片抄的。所以除了读书以外，还是要找到自己喜欢的书，去抄一遍，抄得多了，可能就属于自己了。我觉得这是我们这代人，或者说是老一辈人、前辈人的读书习惯。我愿意把这种读书习惯跟大家分享，因为它确实是有意义的，给了我很多益处，不仅仅是说它给了我一个功利性的好处，让我写了书。我抄王维和杜甫诗集的时候，没有任何功利，就是为了喜欢而抄，抄的时候觉得自己很愉悦。所以抄书并不就是为了功利，而是为了自己的生活，哪怕就打发时间也好，我觉得抄书都是有意义的。

经典好书的意义

我在分享中曾提到"昨日的世界",它不仅是指我以前看书的经历,它本来就是一本书。

这本书是奥地利著名作家茨威格写的。茨威格在二战中期,被迫流亡到巴西,他的身世特别高贵,是一个秉持老欧洲文化的贵族绅士,看到了欧洲人互相打得不可开交,四分五裂,非常绝望悲观。虽然他在巴西只是一个旁观者,但看着自己的故土战火纷飞,受不了,就自杀了。

自杀之前,茨威格写了这本《昨日的世界》,副标题是"一个欧洲人的回忆"。他在回忆里讲了他所生活的那个时代,也就是一战前,以及一战到二战之间的欧洲。我觉得这本书是自传体加上时代礼赞的典范式作品。

这本书影响了几代中国人。虽然茨威格是自杀而死的,但他的书的调性一直是非常积极、非常乐观、非常昂扬的。他的作品都很有意义,比如《人类群星闪耀时》。从他的书中,可以看出他的才华和哲思是高度融合统一的,有点类似庄子,既是哲学、文学,也是历史,他已经达到了这样的高度。**一个作家的关怀只要到了一定的程度,对各种语言都会有所贡献。**

我是在1992年读到的这本书,恰好就是舒老先生推荐给我的。

每当说到"增加生命厚度"的时候,我立刻就想到这本书，立刻想到任何书只要你多读几遍，它一定会增加厚度。茨威格曾说，他很羡慕一个80多岁的老太太，因为少女时代的她见过歌德。茨威格惊讶且羡慕这位被歌德这样一个巨大精神个体的目光注视过的人，他顿时觉得，世界都不一样了，似乎有了神圣的感觉。我觉得一个时代，如果有很多人在参与创造，特别是参与精神的创造，是非常有意义的，它一定能够流传下来，给后人滋养和启迪的东西。

这其实是我想跟大家分享《昨日的世界》这本书的原因。我也希望今天的中国人，能够在我们这个时代，对我们的语言，有所成全，有所成就。"简体中文"这些年在网上是一个很有意义的词汇，我相信，我们十几亿中国人一定能对我们的母语做出自己的当代性贡献，荣耀我们的语言。

"世界读书日"设定在暮春时节。春天对整个宇宙是一种开放式的，我们的阅读应该也是一种全体开放式的，而不是有所限制，特别是对自己不要有所限制。这是人类文明把"世界读书日"设在春天的启示。从中国文化的阴阳元素来看，这个日子也是特别好的，是一个让我们目不暇接、左顾右盼的日子。对于睽卦，中国的先哲还曾给出一个很好的解释，叫"君子以同而异"。意思是说，要在相同之间看见差异，在差异之中看见相同。这才是阅读的真谛，而不是只去追求一个片面的深刻，或追求深刻的片面，只看到它的一面。这是我想跟大家说的。

整理自《中国企业家》记者李艳艳的采访

阅读与人生

周国平

中国社会科学院哲学研究所研究员，学者、作家。著有《尼采：在世纪的转折点上》《尼采与形而上学》《妞妞：一个父亲的札记》《人生哲思录》等，译有《尼采美学文选》《尼采诗集》《偶像的黄昏》等。本文选自《周国平论阅读：做大师的学生》。

一个人必须学习看，一个人必须学习想，一个人必须学习说和写；三者的目的都是一种高贵的文化。———学习看，就是学习使眼睛习惯于宁静、忍耐，让事物走近自己；学习不急于做判断，从各个角度观察把握个别事例。对一个刺激不立刻做出反应，而是具备一种阻缓、隔离的本能，这是走向精神性的第一个预备教育。

——［德］尼采《偶像的黄昏或怎样用锤子从事哲学思考》

尼采面对的是时代最根本的问题，用他的话说就是虚无主义，用我们的话说就是信仰失落、精神危机，他就探究虚无主义的根源，在信仰失落的时代怎样才能过一种有意义的生活。在这个思考的过程中，充满精彩的见解及表达，读的时候会使你激动，促你思考。

——周国平

4月23日是联合国教科文组织设定的世界读书日，我自己是在前年才知道有一个世界读书日的，好像我们也是近几年才开始举办这样的活动，实际上联合国教科文组织从1995年就开始设立这样一个节日了。我本来对这样的节日有点儿不以为然，我知道中国有些地方也举办读书月之类的活动，我就想，一个人如果他真是爱读书的话，那么还有哪一天、哪一月来读书的问题吗？为什么要设定这样一个节日呢？后来我就想，大概联合国教科文组织不会来设立一个"世界看电视日"或者"世界上网日"吧，因为不设立大家就很踊跃地在看、在上了。那么这里面可能就有这么一个问题，现在的强势媒介是什么？是电视和网络，应该说已经对阅读造成了极大的冲击，有很多这样的统计数字，总的趋势是读书在人们的时间分配中所占的比例不断下降，越来越多的人不读书了。所以我想，从这一点来看，设立这样的节日是有必要的，这实际上是一个警示，是在拯救阅读，要为阅读争取更大的空间，让更多的人养成阅读的习惯。

　　现在我想借这个机会来谈谈我对阅读的看法，来交流一下我的阅读观。我对阅读的看法可以概括为一句话，就是直接阅读经典，这句话包含三个关键词：直接，阅读，经典。我今天就讲这三个关键词。第一个是阅读，讲为什么要读书，阅读的意义。第二个是经典，讲读什么书，我的主张是读经典。第三个是直接，讲怎么读经典，我的主张是直接读大师的原著。我的主张实际上是针对我认为的今天在阅读上所存在的问题的，在这个媒体主导的时代，我们一定要多读书，少看电视少上网，**要多读经典，少读畅销书，要直接读大师的作品，少读第二手、第三手的读物。**

为什么读：阅读的意义

第一个问题讲为什么要读书。实际上我们每个人都在读书，但是可能抱着不同的目的。第一种是实用的目的。你的专业书你总得看，比如学生要读本专业的教科书，或者走上工作岗位以后读与职业有关的书，这个占了相当一部分。第二种是消遣，业余时间随便翻翻报纸、看看书，休息头脑，消磨时光。在我看来，这两种读书都不算严格意义上的阅读，如果一个人只看专业书或者只看消遣书，还不能说这个人是有阅读生活的。那么还必须有第三种阅读，**我认为是真正符合"阅读"这个词的本义的，就是作为精神生活的阅读。**通过读书，你是在过精神生活，获得精神上的享受、启迪和提高，只有这样，我认为才算是养成了阅读的习惯，我才承认你是有阅读生活的。当然这三种读书未必是冲突的，尤其是从事文化职业的人，如果你真正喜欢你的工作，就完全可以统一起来，你读文史哲方面的书，既是过精神生活，又有助于你在专业领域的拓展，同时还是轻松的享受。

那么作为精神生活的阅读到底是一个什么概念呢？人和动物最根本的区别就是人是有精神属性的，人是有精神生活的。从人类来说，人类自古以来有精神追求，在这个过程中形成了精神文化方面的学科，比如哲学、宗教、人文科学、社会科学，世世代代积累了很多精神上的财富，使得人类变得越来越文明，越来越和动物不同。作为个人来说，一个人精神生活的品质越高，就越是真正作为人在生活，每个人的生活品质、人生价值实际上取决于他的精神生活的品质、他的精神素质。

一个人怎么样才能具备比较高的精神生活品质呢？个人是不可能自发地拥有精神生活的，他必须加入到人类精神生活的传统中去。这个传统在什么地方呢？很大程度上就在书籍里面，古今中外世世代代的书籍刻录了人类精神追求的轨迹，保存了人类精神生活的成果。那么个人要提高自己精神生活的品质，主要的途径就是去读这些书，你去把人类精神生活所积累的成果消化，接受成为自己的营养，这样你的精神生活品质就提高了，你的精神素质就提高了。如果说书籍是人类精神生活主要的载体，那么阅读就是过个人精神生活主要的方式。通过阅读，个人超越时空的限制，与一切时代的优秀灵魂交谈，从全人类的精神土壤中汲取营养。

可以把人类的精神生活相对地分为智力生活、情感生活、道德和信仰生活三个方面。在书籍世界中，按学科划分，与智力生活密切相关的是哲学和自然科学。哲学分两大块，一是对世界本质的沉思，二是对人生意义的寻求，前面这一块是很纯粹的智力生活。与情感生活密切相关的是文学书籍和艺术。与道德和信仰生活密切相关的是哲学中人生哲学这一大块，包括专门探究道德问题的伦理学，还有就是宗教、人文社会科学方面的书籍。历史书籍情况比较复杂，通史就可能涉及所有这三个方面，分类史比如哲学史、科学史、文学史、宗教史则按照其类别而有所侧重。我觉得读史是一个捷径，可以了解人类精神生活各个方面的基本状况。当然，这么区分是极其相对的，因为无论人类还是个人，精神生活原本就是一个整体。事实上，一本真正的好书，它可以使你各个方面的精神生活都活跃起来，同时得到智力的激励、情感的满足和灵魂的提升。

　　人活着到底什么东西是最值得追求的？我自己的体会是，只要得到三样东西就够了。第一是优秀，要成为一个优秀的人；第二是幸福，要有一个幸福的人生；第三是宁静，要有一颗宁静的心。那么，通过阅读，我觉得就可以得到这三样东西，这是阅读能给我们的最好礼物。优秀，就是有好的精神素质，精神生活的三个方面都是高质量的。

　　首先说智力生活。阅读能使我们头脑聪明，这有两个含义。第一是通过阅读获取知识。知识就是力量，我们都知道培根的这句名言，知识当然很重要，人类依靠知识可以改变世界的面貌，个人依靠知识可以改变自己的命运。不过，我认为智力生活不仅仅是甚至主要不是获取知识，**一个装满了知识的脑**

袋未必是一个聪明的脑袋，有时候适得其反，会是一个笨脑袋。智力品质最重要的因素是好奇心和独立思考能力，是对智力活动的热爱。什么是真正的好书？如果只是给我们一些知识，我认为这样的书它的好处是有限的。所以，第二，真正的好书应该能够激活我们的理性，使我们的智力活动保持在一个活跃的状态，你会觉得作者思考的问题太有意思了，思考本身太有意思了，你也不由自主地要去想这个问题，这样的书才是好书。一个智力活动始终保持在活跃状态的人，我就说他是一个真正聪明的人，这样的人才会是有创造性的。

其次，从情感生活来说，阅读能让我们的心灵变得丰富。人不只是有理性，人不是一架思维的机器，人在生活的时候是带着感情的，对人生会有情感层面的体验和感悟。正因为人是带着感情看世界的，才会有美或丑的感受，美感是人类的创造。深层次的情感体验和生命感悟都包含着矛盾，比如爱与孤独，美与崇高，幸福与苦难，生与死。对于心灵来说，即使看似负面的经历、痛苦的经历，因为丰富了情感的体验，加深了生命的感悟，它们也都是正面的财富。那些大文豪都是情感大师、心灵大师，对人类情感的体会和观察非常敏锐、细致、到位，通过阅读他们的作品，尤其是读文学经典，我们自己的体验和感悟得到了印证。从他们那里，我们还可以学习怎样作为旁观者来观察和分析自己的情感经历，从而超越这些具体的经历，加深对人性的认识。

最后，在道德和信仰方面，阅读可以给予我们帮助和指导。对于道德，我们要理解得深一些、宽一些。按照柏拉图的说法，最高的哲学概念是"善"，也就是"好"。什么样的人是好人？什么样的社会是好社会？这是道德要阐明的问题。不但哲学和宗教，而且一切伟大的文学作品，还有许多伟人的自传和传记，都告诉我们，作为个人，最重要的道德品质是善良和高贵，好人就是心地善良、灵魂高贵的人。关于社会的道德，不但哲学中的伦理学，而且社会科学特别是政治学、法学、经济学方面的著作，都有深入的探讨。社会科学领域里的大师，只要是真正的大师，绝对不会限制在自己的专业里就事论事，他一定会有一个理想目标，思考人类应该往哪个方向发展。一个基本的共识是正义，虽然对正义的理解会有差异，但都承认正义是最重要的社会道德，正义的社会才是好社会。价值观是社会科学的灵魂，社会往什么方向发展，人类和民族对此不是无能为力的，始终存在着我们往什么方向推动的问题，其中价值观起了巨大的作用。

信仰问题涉及终极价值，主要是两个问题，一个是灵和肉的问题，另外一个是生和死的问题，所有的宗教和人生哲学都是要解决这两个最大的问题。不同的宗教，不同的哲学流派，解决的路径当然很不一样，但我认为目标是一致的，就是要照料好自己的灵魂，让它不受肉体的支配，也不受死亡的困扰，获得真正的安宁。

总之，通过阅读，我们获取知识，激活理性，头脑变得聪明；通过阅读，我们体验情感，感悟生命，心灵变得丰富；通过阅读，我们明辨道德，建立信仰，灵魂变得高贵。一个人拥有聪明的头脑、丰富的心灵、高贵的灵魂，就是一个优秀的人。

阅读能使人优秀，还能使人幸福。其实，优秀本身就为幸福创造了条件，精神素质好，有高质量的精神生活，这本身就是在享受做人的幸福，人的高级属性的满足是人生幸福的主要内涵。也因为这个原因，阅读又能使人宁静。一个养成了阅读习惯的人是不太会寂寞的，他能够自得其乐，他自己身上就有快乐的源泉。他拥有一种内在的自足和充实，所以比较能够淡泊名利，不受外界的诱惑，因为他已经拥有了好得多的东西。

据我观察，无论在哪个领域，优秀的人物往往是爱读书的，他们有一个共同的身份，就是终身的阅读者，一辈子爱读书的人。包括伟大的企业家，比如钢铁大王卡耐基，美国民办公益事业的奠基人。他13岁失学，当一个小邮差，当时有一个退休上校，办了一个小图书馆，有400本世界名著，向穷孩子们开放。从那个时候开始，卡耐基就爱上了阅读，这个习惯保持终生。他在自传里说，他永远感谢上校，是上校的仁慈使他发现了书籍的宝库，奠定了他一生的追求。否则的话，他也许仍能赚钱，但赚够了钱以后很可能就早早退休，享享清福，不会有更大的抱负了。

从民族来讲也是这样，一个民族的文明程度取决于国民的整体精神素质，而看国民精神素质高不高，一个明显的标志是看有没有全民阅读的风气，一个文化大国必定是阅读大国。我最担心的是青少年一代，现在有两个东西在阻碍他们养成阅读习惯，一个是应试教育，一个是网络，他们的全部时间基本上被这两个东西占据了，这很可怕。青少年时期是对书籍产生浓厚兴趣的黄金时段，这个时期没有养成阅读习惯，以后就更难培养了。不过，我也不知道该怎么办，想不出什么好办法，只能寄希望于有良知的老师和家长，希望你们在力所能及的范围内帮助和引导孩子们。

读什么：经典的价值

从精神生活的角度看，可以把书分为三类。一是不可读的书，不能提供任何精神的启示、艺术的欣赏或有用的知识，只是印刷垃圾，在今日市场上比比皆是。二是可读可不读的书，读了也许不无益处，不读肯定不会有重大损失和遗憾，世上的书大多属于此类。三是必读的书，所谓必读，是就精神生活而言，就是每一个关心人类精神历程和自身生命意义的人都应该读，不读就会是一种欠缺和遗憾。

这第三类书就是通常所说的经典。既然你把阅读作为精神生活，那么就应该去找那些精神含量最高的书，最合适的读物就是经典。在人类精神探索的道路上，经典构成了一个伟大的传统，里面集中了人类最重要的、最有分量的、最具有恒久价值的精神财富。这是一个宝库，对于个人来说，这个宝库是外在于你的，它不属于任何人，但它又是属于一切人的，你完全可以走进去，自己去占有适合你的那一份宝藏。如果你不走进去，不去占有，它永远和你没有关系，对于你等于不存在。怎样去占有呢？很简单，就是去读它，这也是唯一的办法，通过阅读把它变成你的财富。

我发现这个宝库比较晚，是在上大学一年级的时候，那时候我已经17岁了。我们班的一个同学，是郭沫若的儿子郭世英，我们成了好朋友，是他从家里搬来了许多书，许多世界文学名著，介绍给我读，使我尝到了读经典的甜头，为此我永远感谢他。如果大学一年级我没有发现这个宝库，也许就一直这样下来了，一辈子没享受到，我吃了多大的亏呀，而且吃了亏还不知道，太可悲了。

所以我建议你们早早地去看这些书，越早越好，那真是享受。大师就是大师，对世界、对人生的认识和体悟，这种深刻的程度真是一般人不能及的，你看了以后再去看一般的书，哪怕是还不错的书，你都会觉得有点儿平庸了。生命是有限的，好书都读不完，怎么能把时间浪费在比较差的书上呢？

书的好坏，诚然要用自己的眼光去鉴别。但是，古往今来，书籍无数，现在一年出的新书就有几十万种，你怎么凭自己一个人的力量去辨别、去筛选出最好的作品来，你会迷失在这片汪洋大海里面的。

最好的办法是听听时间这位最智慧、最公正的批评家的建议，事实上它也已经给你提供了建议，所谓经典就是那些经过了时间检验的书。经典的价值已经得到了许多世代的公认，有的经过了2000多年的检验，比如古希腊的史诗、悲剧、哲学，有的是几百年，有的是几十年，时间的检验是相对的，但它们都得到了相当普遍的公认，是一代代爱读书、会读书的人选出来的书。

读什么书不是一件小事，书籍对人会产生潜移默化的影响，一个人的阅读趣味大致决定了他的精神品位，而纯正的阅读趣味正是在读好书中养成的。德国哲学家费尔巴哈说：**人就是他所吃的东西**。至少就精神食物而言，这句话是对的。你吸取什么样的精神营养，你的精神发育就会是什么样的，你净吃那些没有营养的精神食物，你在精神上就一定会发育不良。所以，越早接触经典越好，身体的发育是有阶段的，精神的发育也是有阶段的，错过了季节，发育就会受到阻碍。

当然，我不是说光读经典著作，新出的书也要读，要不我们就成古人了。但是，你读了一批经典，把底子打得好一点儿，新出的书是好是坏，你就很容易识别了。

虽然经典在书籍的总量中只占极少数，但是绝对量仍然非常大，不可能读完，也不必读完。应该读哪些？我认为很难有一个统一的书单。未必所有的名著都适合你，你读了都会喜欢。在名著的范围内，你仍然会有一个尝试和选择的过程。重要的是一开始就给自己确立一个标准，非最好的书不读，每读一本书，一定要在精神上有收获。有了这个标准，即使你读了一些并非最适合你的书，最后也一定能够逐渐找到真正属于你的书中知己，形成你自己的书单。读最好的书，并且成为它们的知音。

我特别强调一点，就是千万不要跟着媒体跑。我觉得现在有一个奇怪的现象，一段时间里大家都读一样的书，太可笑了，阅读本来是个人的精神行为，你吃东西还有口味的不同，读书怎么可能都是一样的口味呢？大家都跟着媒体跑，媒体和出版商合谋，策划畅销书和排行榜，给大家开书单。我说它实际上是在引导你们进行文化消费，而不是引导你们读书。在读书这个问题上，你一定要做自己的主人，做阅读的主人，不要跟着媒体跑。如果你只读媒体推荐的书，我不承认你是一个有阅读生活的人，你只是文化市场上的消费大众而已，这多没意思呀。

怎么读：直接的好处

读经典，要把功夫下在读原著上，直接向大师学习，少读甚至不读那些第二手、第三手的所谓心得、解读、教辅一类的书。

为什么要直接读大师的原著呢？首先，因为原著是最可靠的，你要说捷径，这就是捷径，因为这是唯一的途径，走别的路只会离目的地越来越远，最后还是要回到这条路上来。能够回来算是幸运的，常见的是丧失了辨别力，从此迷失在错误的路上了。比如学哲学，教科书往往误导，把哲学归结为几个教条，使人离哲学就是爱智慧的本义越来越远。当然教科书可以力求准确，但毕竟是转述，常常还是转述的转述，一切转述必定受转述者的眼界和水平的限制，在第二手乃至第三手、第四手的转述中，思想的原创性递减，平庸性递增。

其次，原著是最鲜活的。我还以学哲学为例，许多人想象哲学原著一定很难读，其实你去读一读，比读教科书有意思多了。大哲学家们思考世界和人生的根本问题，他们的著作把这个思考的过程也呈现出来了，内容非常丰富。可是，在教科书里或解读中，往往只把一个所谓的体系和若干个抽象的观点拿给了你，魅力全无。原著是有血有肉的，是一个活体，教科书把它给解剖了，把它杀死了，拿给你一副骨架和一个标本。

我是研究尼采哲学的，我也翻译了一些尼采原著，看原著的时候，我真的激动啊。尼采面对的是时代最根本的问题，用他的话说就是虚无主义，用我们的话说就是信仰失落、精神危机，他就探究虚无主义的根源，在信仰失落的时代怎样才能过一种有意义的生活。在这个思考的过程中，充满精彩的见解及表达，读的时候会使你激动，促你思考。可是，到了我们的教科书里，它就告诉你，尼采哲学的体系是反动的唯意志论，主要观点是权力意志和超人，你知道了这些以后，当然会觉得索然无味。你完全不能体会读他的原著时的那种快乐，那种激动，那种促使你去思考的力量，那种开放性，这一切都没有了。

最后，原著也是最有趣的。很多大师，包括很多大哲学家，他们是很有个性的人，文字也非常好，文字本身就令人享受。我的经验告诉我，大师比追随者更加可爱也更加平易近人，这就像很多时候，真正的伟人总是比那些包围着他们的秘书和仆役更容易接近，困难恰恰在于怎样冲破这些小人物的阻碍。可是，在书籍世界中不存在这样的阻碍，大师就在那里，任何人想要见他们都不会遭到拒绝。古希腊哲学家亚里斯提卜曾经嘲笑说：那些不从原著学哲学的人，就好比看上了女主人，为了图省事却向女仆求爱，这就太可笑了。

作为普通读者，怎样来读原著呢？我提两条建议。第一，不求甚解。你不是在做学问，无论多么重要的经典，柏拉图也好，《论语》也好，你都不妨当作闲书来读，阅读的心态和方式都应该是轻松的。不要刻意求解，不要受阻于读不懂的地方，读不懂不要硬读，可以先读那些读得懂的、能够引起自己兴趣的著作和章节。在这个不求甚解的阅读过程中，你是在慢慢地受熏陶，你内在的东西在积累，你用来理解大师思想的资源在积累，有一天你会发现自己越来越读得懂了。人文修养是熏染出来的，不是读一两本书就能具备的。林语堂打过一个比方，他说你看牛津、剑桥的那些大教授，他们都是怎么教学生的？他们把学生叫来，然后跷着二郎腿，抽着大雪茄，海阔天空地聊，满屋烟雾缭绕，就这么熏哪熏，学生的人文修养就被熏出来了。

第二，为我所用。读大师的作品是为了自己的精神生长，它们仅仅是你的营养，这个目标要清楚。通过汲取营养，在精神上能够健康地生长，这就行了。**读大师的书，是为了走自己的路。**

　　当然还有一个具体方法的问题，我可以介绍一下我自己的读书方法，基本上是三点。第一点，读书要有计划，不要漫无边际地乱读，一段时间里有一个重点，相对集中地读某一类的书。其他的书也可以看，但不是重点，随便翻翻。第二点，在泛读的基础上有选择地精读。我读一本经典著作，一开始把它当闲书一样看一遍，看的时候会做一些记号，看完后就回过头来把做了记号的地方重读一下。如果特别喜欢某一本书，就不妨读第二遍甚至更多遍。第三点就是要做笔记。可能你们不需要，我记忆力比较差，这是我的弱点，所以我必须做笔记。笔记有两种，一种是摘录，在重读做了记号的内容时，有选择地做一些摘录。另一种是随感，就是随时把读书时的感想、思绪记下来。隔一段时间，我会重读这些摘录和随感，最好还做一个整理，比如说按照主题把相关的内容整理到一起，这样脉络就非常清楚了。

　　我的看法就是阅读和人生的关系是怎样的呢，读书在人生中占据一个什么样的位置呢。人生的意义、人生的价值取决于一个人精神生活的品质，那么阅读就是提高人的精神生活品质的最重要的途径，读书可以使我们获得人生最美好的价值，那就是优秀、幸福和宁静。有一句人们常说的话叫作"阅读改变人生"，我觉得这句话说得很好，但是应该辨清楚改变人生的什么。我认为主要改变的不是人生的表象和外观，而是改变人生的格调、气象和境界。它带给我们的主要不是一些表面的、外在的成功，而是内在的优秀，在优秀的基础上所得到的成功才是真成功、大成功。

阅读是生命的答案

梁永安

复旦大学中文系教授，人文学者。曾任日本神户外国语大学、美国波士顿大学、韩国梨花女子大学等院校客座教授。著有《梁永安的电影课》《梁永安：爱情这门课，你可别挂科!》等。

他就要同时相信超人和社会主义，虽然两者是互不相容的。他终生是一个个人主义者和社会主义者；他把个人主义留给自己，因为他是一个超人，一个有力征服的人面兽……把社会主义留给大众，因为他们是软弱的，需要保护的。一连许多年，他把这两匹方向相反的马驾驭得很成功。

—— [美] 欧文·斯通《马背上的水手：杰克·伦敦传》

杰克·伦敦曾经是个小混混，偷窃、打架，做过很多不守规矩的事，但他通过读书获得了成长，书籍启发了他，他的善、他的精神追求跟一般人的理想主义不一样，因为他知道恶是什么，读书和写作使他变成一个复杂的好人。

——梁永安

读书最好带着问题去读。每个人在成长中都会遇到很多问题或困惑，如自己的成长路径、原生家庭、社会关系等。不同的书适合不同的成长阶段，解决不同的问题，你每次翻阅它或回顾某一段落时，曾经的、当下的困惑与书中的某一旨义相遇会产生一种精神上的互相照应。

历史上有很多人是靠阅读重启一段人生的，比如美国作家杰克·伦敦。《马背上的水手：杰克·伦敦传》中如此记载，杰克·伦敦家境贫寒，妈妈罹患精神病，他是在这样不太常规的环境中度过童年期成长起来的。为了谋生，他9岁开始赚钱，做过推销员、报童、帆船水手、搬运工等形形色色的工作，甚至一度沦为街头混混，纠集一帮人去旧金山附近的海湾偷蚝，在市井街头摸爬滚打长大。

这样一个桀骜、不守规矩，有时候甚至靠拳头说话的人，有一个极大的长处——爱看书，杰克·伦敦称自己像野狼一样看书，任何书拿到手里都会死命地看。17岁时，他跟随船只从美国西海岸到日本海捕猎海豹，在这一次航行中，他在船上细读了福楼拜的《包法利夫人》和托尔斯泰的《安娜·卡列尼娜》，两位作者创作的两位女主人公对爱的诠释、与世俗的对抗，以及悲惨的结局，对他造成了很大影响，促使他成为一个小说家，这两本书也影响了他的一生。

杰克·伦敦的《热爱生命》为很多人所熟知和热爱，这是一个发生在美国淘金热时期的故事。淘金者在返程时扭伤了脚踝，在近乎绝境的冰天雪地中，同伴抛下他独自离开，他一个人在挣扎求生中，不幸遇上了一头同样伤残的狼，为了活下去，淘金者在与狼的斗争中最终将狼咬死，故事的最后他到达了海边，遇到了船只得以获救。很多读者对杰克·伦敦的这部小说和《野性的呼唤》印象深刻，其实他最著名的作品是长篇小说《马丁·伊登》。《马丁·伊登》写的是一个爱情故事。青年马丁是一个刚开始写作的作者，作品不被承认，生活穷困潦倒，爱恋的姑娘也渐渐与他疏远。突然有一天他的书广被认可，他成了一个名利双收的作家，曾经的爱人回过头来找他——最深刻的爱情充满了名望的功利性和金钱的腐朽味，世人以为的皆大欢喜使他感到极为讽刺和虚伪。这部小说是杰克·伦敦最重要的作品。《马丁·伊登》与《安娜·卡列尼娜》《包法利夫人》大有关系，同样深刻地表达了爱、爱的实现和爱的丧失。《马丁·伊登》写出了一种悲凉性，同时也写出了人对单纯爱情的渴望，对真实爱情的期待。

杰克·伦敦一生的经历极为复杂，他的作品写得却那么单纯，这是一个很有意思的现象。读书使人单纯，而且越是经历复杂、际遇沉浮的人，越能从中得到救赎。杰克·伦敦曾经是个小混混，偷窃、打架，做过很多不守规矩的事，但他通过读书获得了成长，**书籍启发了他，他的善、他的精神追求跟一般**

人的理想主义不一样，因为他知道恶是什么，读书和写作使他变成一个复杂的好人。

　　世界充满了简单的好人、朴素的好人。大众认为什么是好的，他们这辈子便坚守什么，不逾矩、不越界，在善的范围内生活，简单而纯朴，这当然是很好的。但是杰克·伦敦是个复杂的人，他在恶的世界里沉浮了很久，他对"好"的追求，有着自己的高标准，他的书写呈现出与别人不一样的特质。从安娜和包法利夫人身上感受到的"爱"使杰克·伦敦有了很柔情的一面。对他来说，如果没有这两本书，他也许不会成为一位这么好的作家。从杰克·伦敦身上，我们可以感觉到从恶之中长出的善，如何让生命更丰富、更深刻。

　　为什么要讲这个问题呢？因为我们中国社会的发展正趋于复杂化。一个人如果想当一个单纯的好人，小心翼翼地维持自己不犯错，并不容易。因为人一旦行动，就可能陷入各种复杂的情境，很多时候从自己的认知出发以为是对的，实际上却犯了很多错，抑或是在一些情境里，有些人明知在犯错，但遏制不住内心的欲望，觉得小恶可为。因此就认定这个人是坏人吗？就要惶恐不安甚至自暴自弃地认为自己就是一个无可救药的人吗？不是这样的，年轻时，要敢于行动，不要害怕行差踏错。永远不要用完人、圣贤的标准，去判断、要求他人。现在网络上有一些人，总是揪住一些小的事件，放大再放大，有些言论甚至会被有心人利用，使舆论逐渐走向偏激、粗暴。但生活中的大多数人是善良的，相信人性本善，绝大多数人犯的错，都在别人、社会可以宽容的尺度内。人一旦过于小心翼翼，就会把自己框得太紧，将自己像个粽子一样束缚起来，生活乏味无趣，人也变了形。

我们要敢于行动，敢于前进，在行动中，要像杰克·伦敦一样阅读，带着问题阅读，在阅读的过程中找到自己的那份豁然。世界上很多有成就的人或者了不起的人，包括许多作家，都爱看书，他们在阅读中打开使其生命豁然开朗的部分。

我再讲一位更为大众熟知的名人——拿破仑——的读书故事。拿破仑是19世纪法国伟大的政治家、军事家，他缔造了法兰西第一帝国。四处征战过程中，他将很多法国大革命的新思想带到了欧洲各国。拿破仑实际上对世界历史起了很大的推动作用。他一路征战始终带着一本终生热爱的书《少年维特之烦恼》。主人公维特是一位才华出众、热情奔放、对生活充满爱和激情的少年。维特并没有多么高贵的出身，但精神境界很高，他看到了农民劳作的辛苦、人心的善良，也看出他们精神世界的狭隘，一辈子就在小小的圈子里，孤陋寡闻。维特看到他们，心里觉得很可悲，他的意识、眼界高于他所处时代的发展水平，他想要追求的爱情也是不同的，是自由的爱情，最后因失败而选择自杀。拿破仑作为一个君主，跟维特在精神上有共通性。一方面，他看当时的世界，也是站在一个更高的视角去看，所以他要做不凡的事情。这个不凡的事不关乎日常得失，不计较当下生死，而是作用于整个社会政治层面的大事件。另一方面，拿破仑的个子不高，但是内心世界很丰富，他有过多个情人，从他的传记可以看出，他对世界上任何一个个体都有一份柔情在，但是作为一个领袖，在残酷的大规模战争中，他将内心温柔的一面收起，对"维特的世界"寄予一种关于美好生活的浪漫期待。

我经常跟学生说，一个人一个星期至少要读一首诗，让心灵不断地获得诗歌的滋养。诗超出了我们的日常语言系统，不论语法，只说意象，利用隐喻、转喻、象征等修辞方法，让我们脱离日常生活的僵化。**人的思维在日常的僵化里久了会硬化，硬化以后就会钢化，钢化以后就变得无情。**而诗歌让我们超越日常，润泽我们的思想，使我们发现生活的美。

好的人生一定有一本书，代表你的精神核心，安抚你的内心免于因外界变化而起的仓皇失措，在你随波逐流时，陪伴你度过世事沉浮，在你的心灵支离破碎时，给你抚慰和光明。一本你爱不释手的书会成为你的精神中心，使你即使在纷乱的世界中仍旧能保持内心的自在安定。当年亚历山大大帝带着柏拉图的《理想国》征战四方，之后的2000多年，一些书仍旧散发着同样的魅力。

阅读最宽容，

它允许千奇百怪的选择

只有"笨"到追问各种似乎是不言而喻、不证自明、毋庸置疑和天经地义的问题，才会形成振聋发聩的真知灼见。

学术阅读与日常阅读

王笛

澳门大学历史系讲座教授，曾任美国得克萨斯
A&M大学历史系教授。著有《跨出封闭的世界》《那
间街角的茶铺》《历史的微声》等。两次荣获美国城
市史学会(UHA)最佳著作奖，并获首届"吕梁文学
奖"、单向街图书奖等奖项。

其中一些人，如泰勒·舒尔茨已经采取公开身份的形式，以他们的真实身份出现在我的笔下。其他人则是以化名出现，或者仅仅作为不具名的信息来源而提到。所有这些人无视他们面临的法律和职业风险，坚持与我沟通，只是基于一个高于一切的关怀：保护病人，免遭希拉洛斯错误的血液检测带来的伤害。我将永远铭记他们的正直与勇气。他们是本篇故事的真正英雄。

—— ［美］约翰·卡雷鲁《坏血》

这本书的调查过程便是跌宕起伏，为我们进行非虚构写作的求真求实的精神、勇气和手段，提供了一个非常好的典范。从一定程度上来说，这样的非虚构写作，不仅仅是在记录历史，书写历史，实际上已经参与了历史。

——王笛

我总是反复告诫我的学生，要进入一项研究，要打开思路，要使自己的这项研究有意义，就必须与前面的研究进行学术对话，因此就必须认真阅读相关研究，而且经常要超越相关的课题，这样思路才是深入的，眼界才是开阔的。如果说我学术上有任何成就的话，尊重前人的劳动，从前人那里吸取营养，可能就是最重要的原因了。

　　2015年，我转任澳门大学，在阅读兴趣上，也有了一些明显的变化。为了写这篇读书史，整理了一下最近几年读的一些书，发现数量真的不少。毫无疑问，它们增加了我的知识，促进了我的思考，开阔了我的眼界，甚至影响了我的写作。读这些书，有的是因为研究的需要，有的是出于个人的阅读兴趣，有的是为我未来的课题进行知识的储备，有的是因为朋友和出版社的送书，有的是因为要写书评。总之，让我有机会和有借口多读一些书。为什么说有借口呢？因为研究和写作需要大量的时间投入，一个项目往往持续经年，如果不找各种借口读书的话，很可能就真没有时间读书了。所以，我认为，是否能够多读书，不在于是否有时间，而在于是否愿意为读书找时间。

读有批判精神的书

如果一个人的思想被禁锢了，那么他一定会失去创造力。所以，自由之思想，独立之精神，就是一个学者的生命。如果他放弃了批判，那么他的学术生命也就结束了。

我认为，审视自己是否还有学术创造力的量度之一，就是看是否对新书还保持着强烈的阅读愿望和好奇心。令人欣慰的是，现在自己至少还保持着极大的阅读欲望，而且兴趣的范围还比较广泛。

首先是一些人文社科名著和传记，有的过去读过，但是现在又想复读；有的早就想读，过去难以安排时间，现在则挤出许多时间来读；有的是新近出版，想一读为快，不再想拖延。

近几年重读或新读的书包括奥威尔《1984》《动物农场》、托克维尔《旧制度与大革命》《论美国的民主》、哈耶克《通往奴役之路》、亨廷顿《变化社会中的政治秩序》、贾雷德·戴蒙德《枪炮、病菌与钢铁》、简·雅各布斯《美国大城市的死与生》、芒福德《城市文化》《城市发展史》、罗伯特·卡洛《权力之路》等等。这些书，一方面是满足自己对一些大问题回答的需要，如国家管理、制度优势劣势、民主与专制、城市发展等。如对克伦威尔和亨廷顿的阅读思考，我便写进了那篇有关辛亥革命和清王朝覆没的文章中；而对雅各布斯和芒福德的阅读，则是我《走进中国城市内部》修订版结论部分讨论的重要出发点。

有的书，我自己读后，则希望更多的人读到，让我们认识历史的真相，让我们的思维成熟一些。如哈耶克反复告诉人们：人类的繁荣、幸福和尊严，来自个人自由，而不是集体主义，力图打破人们的乌托邦幻想。1974年，哈耶克获得诺贝尔经济学奖，被认为是自亚当·斯密以来最重要的政治经济学家。他指出："在我们竭尽全力自觉地根据一些崇高的理想缔造我们的未来时，我们却在实际上不知不觉地创造出与我们一直为之奋斗的东西截然相反的结果，人们还想象得出比这更大的悲剧吗？"

中国改革开放的成功，就是抛弃计划经济而迈向市场经济，但是似乎许多人已经忘了这一点。哈耶克的著作对那些迷恋计划经济的人，应该是一针清醒剂："从纯粹的并且真心真意的理想家到狂热者往往只不过一步之遥。虽然失望的专家的激愤强有力地推动了对计划的要求，但如果让世界上每一方面最著名的专家毫无阻碍地去实现他们的理想的话，那将再没有比这个更难忍受和更不合理的世界了。"

非虚构和回忆录是我的阅读重点

当我在读一些书的时候，我关心的不仅仅是他们所描述的事实本身，首先我关心这个题材，才会去阅读，而它们的表达手法、写作方式，了解这些书为什么广受欢迎，也是我阅读过程中加以认真揣摩和思考的。如杜鲁门·卡波特《冷血》、科尼利厄斯·瑞恩《最长的一天》、盖伊·特立斯《邻人之妻》、斯泰西·希夫《猎巫》等。甚至比较严肃的世界历史著作但是圈内圈外都有影响的著作也读了一些,如斯文·贝克特《棉花帝国》等。

我关注他们如何把各种复杂的资料巧妙地交织在一起,以十分清晰、引人入胜的方式展示出来,而各部分又如此有机地联系在一起。无论它们是讲几百年前的小镇故事,还是二战波澜壮阔的战争场面,或者是美国情色社会的秘密。

我还大量阅读了中外作者所写的关于中国历史的非虚构作品,如岳南《南渡北归》、保罗·法兰奇《午夜北平》、郭建龙《汴京之围》、张宏杰《曾国藩的正面与侧面》《曾国藩传》《饥饿的盛世》、马伯庸《显微镜下的大明》、罗新《有所不为的反叛者》《从大都到上都》、杉山正明《游牧民的世界史》、姜鸣《却将谈笑洗苍凉》等等。

《却将谈笑洗苍凉》是一本非常有个性的书。说它有个性,是因为哪怕我不用看作者名,只看内容和写法,我就知道那一定是姜鸣写的书。他把中国近代与西方发生关系的那些改变历史的事件和人物,有些甚至是我们在历史书中反复研究和讨论过的课题,如开篇的马嘉理事件,结尾的孙中山伦敦蒙难,通过文献的挖掘、亲身的考察、对来龙去脉的再梳理,用细节来展示了我们过去从来没有看到过或者没有想到过的历史的新面向,引发我们对自认为已经很"熟悉的"历史的重新思考。

还有一些书出版以后,在学界的反响很强烈,我也会怀有极大的兴趣去找来读，比如说邱捷的《晚清官场镜像——杜凤治日记研究》2021年出版以后，得到学界的广泛好评。我读了以后，也发现对自己了解晚清的地方社会非常有帮助。过去我们总是认为，县衙门是清代最基层的官方机构，但是到底知县对地方社会的管理、税收、司法等等功能是怎样运作的，却并不十分清楚，而本书提供了非常多的、有趣的细节。

回忆录也是我的阅读重点，如齐邦媛《巨流河》、李奇微《李奇微回忆录》、黄仁宇《黄河青山》、何炳棣《读史阅世六十年》、余英时《余英时回忆录》、曾彦修《曾彦修访谈录》、王鼎钧《王鼎钧回忆录四部曲》、许燕吉《我是落花生的女儿》、罗尔纲《师门五年记》、何兆武《上学记》等。通过这些人的传记，来看他们经历后面的历史，这些历史可以是思想的、革命的、学术的、出版教育界的，都是我所关注的方面。

《巨流河》是齐邦媛的回忆录，以抗战和内战的国难为背景，讲述那个时期中国青年知识分子所经历的苦难，展示在那个时代的巨变中，国家的命运和个人的命运怎样纠缠在一起。从书中我们看到了战争带给人们的苦难，两岸血浓于水的同胞之情，以及历史残酷的教训。

尽管这本书已经读过好多年了，但她所描述的在抗战时期乐山听钱穆的讲座的那一个场景，还历历在目：1941年武大聘请钱穆先生讲学，主题是中国历史上的政治问题。为了躲避日机的空袭，上课时间为早晨六点到八点。当时因为前一年的日机大轰炸受损，全城尚没有电力，学生居住分散，他们去听钱穆先生课的时候，天还是黑的，在凌晨拿火把照路。座位被占满，后来者即无法进去。每当想起这个场景，心里边就有莫名的感动，在当时的那种条件下，在国难当头的时候，年轻人还是这样地渴求真知。

最近读了董时进的《两户人家》，是因为老朋友李伯重转给我一篇介绍这本书的文章，说是读我的《袍哥》很好的背景材料，我便立刻把这本找来读，发现是一本引人入胜的过去中国农村生活的真实记录。董时进老家是在四川垫江县（今属重庆），曾赴美留学，在康奈尔大学获得农学博士学位，曾在北京大学、燕京大学、交通大学等校教授农业经济，还在江西省农业院、中国华洋义赈救灾总会、中华平民教育促进会等机构任职。

这本书其实是董先生的自传体小说，有点类似巴金的《家》《春》《秋》那种性质，完全是根据自己家族和家庭真实发生的事情来写作的。读这本书也让我联想到林耀华的《金翼》，是以真实的家族作为背景的人类学家写的小说。这本书讲述了晚清到民国垫江两户农家几代人的真实故事。从这本书中，我们可以看到农村的日常生活、农业和农村经济、家庭和人际关系的许多细节，比如说村里要请一个教书先生，就会去有学龄儿童人家问愿意出多少钱，一个教书先生每年的脩金是20吊，富的可以出4吊，穷的只出1吊钱。还有诸如农村的土地买卖、兄弟分家、婚丧嫁娶等等的故事，都是非常珍贵的。

对社会现实的写作

关于社会现实问题的写作，也是我的关注点。我发现，对于今天中国社会的状况，反而是外国作者的描写更多、更深刻、更有趣，也可能就是我们常说的"他山之石"吧。近些年所读过的，我认为无论是故事讲述还是写作技巧都优秀的书有何伟《江城》《甲骨文》《寻路中国》《奇石》、张彤禾《打工女孩》、史明智《长乐路》、迈克尔·麦尔《东北游记》、扶霞《鱼翅与花椒》等。

中国作者这方面的好书并不多，我看过的比较欣赏的有袁凌《青苔不会消失》《寂静的孩子》、田丰和林凯玄《岂不怀归》、野夫《乡关何处》、黄灯《我的二本学生》、陆庆屹《四个春天》、伊险峰和杨樱《张医生与王医生》等。

另外一些思考者的书我也比较欣赏，如陈嘉映《走出唯一真理观》《何为良好生活》、项飙和吴琦《把自己作为方法》、李泽厚《由巫到礼 释礼归仁》等。

如果要说作者对自己国家问题的揭示和批判全面深刻，阅读体验又好的，还是要数西方特别是美国作者的作品。他们敢于批判、允许批判，而不是压制和回避、隐瞒问题。最近读到的好书就有塔拉·韦斯特弗《你当像鸟飞往你的山》、马修·德斯蒙德《扫地出门：美国城市的贫穷与暴利》、弗雷德里克·皮耶鲁齐《美国陷阱》、肖恩·鲍尔《美国监狱》、约翰·

卡雷鲁《坏血》、文卡斯特《城中城：社会学家的街头发现》、乔治·帕克《下沉年代》、阿莉·霍赫希尔德《故土的陌生人》、理查德·普雷斯顿《血疫：埃博拉的故事》、理查·劳埃德·帕里《巨浪下的小学》等。这些书对社会问题和危机的调查和描写，不但引人入胜，而且入木三分。

这里想多花点笔墨讲一下《你当像鸟飞往你的山》，英文书名是 *Educated：A Memoir*，字面翻译应该是《被教育：一个回忆录》，而中文书名则很煽情。曾列《纽约时报》第一畅销书，2018年出版当年就卖了200万册。这本书讲一个女孩，出生于犹他州的一个摩门教家庭。父母相信世界末日，住在大山里，她还有7个哥哥姐姐。父母从来没有送她去学校，还受到哥哥的虐待，在很小的时候就被她父亲强迫去自家开的拆卸旧车的工厂工作。父亲是个莽撞的人，经常危险操作，发生过两次车祸，也不顾及他儿女的生命，几乎每一个人都有不同程度的伤，包括她的哥哥，受伤了也从来不送医院。

由于她的所谓的"叛逆"，她父母认为她是魔鬼附身，对她洗脑。后来她居然在从来没有上过学的情况下，通过大学教育，终于逃出家庭的控制，在剑桥大学获得博士学位，这也就是那个朴实无华的英文书名的来历。她的描述非常生动而客观，并不断地进行自我剖析。读这本书给我印象最深的是，尽管她自己有非凡的记忆力，甚至还写有日记，但是她对所发生的许多事情向父母弟兄们进行核实的时候，发现每个人所看到的和所记忆的东西都有区别。这种现象告诉我们应该怎样看待过去，要承认记忆、观察和经历，都是有相当的局限性的。我在读这本书的时候，我自己也在想，我们写历史实际上也面临这样的困境。每个人所看到的历史是不一样的，甚至亲身经历的描述也有所不同。所以除了有意歪曲的，历史记载的总是反映了记录者的观察，那么怎样处理历史资料就是所谓的方法。

《坏血》也值得多讲几句。本书作者是《华尔街日报》的调查记者、普利策奖得主。他通过严密的长期调查，揭开了红极一时的美女企业家伊丽莎白·霍尔姆斯验血设备公司的欺诈黑幕。霍尔姆斯宣称通过一滴血测验出健康和疾病的各种数据，美好的设想根本无法通过自己的产品来实现，为了吸引投资人，她的公司开始进行造假。

我想特别指出的是，许多非虚构的写作，往往是在事件已经发生之后，通过收集资料，来重构过去的历史。卡雷鲁的调查，则是直接参与了对谎言的揭露。这种写作是非常困难的，必须采访各种当事人，通过各种途径获取资料，而且许多当事人并不愿意因此招惹麻烦，如果无法得到调查者的配合便可能导致调查搁浅。这本书的调查过程便是跌宕起伏，为我们进行非虚构写作的求真求实的精神、勇气和手段，提供了一个非常好的典范。从一定程度上来说，这样的非虚构写作，不仅仅是在记录历史，书写历史，实际上已经参与了历史。另外，由于接着两年担任2019年和2020年深港书评年度非虚构十佳好书的评选导师，我也利用这个机会读了不少好书，并写了相应的综合书评，所以这里就不一一例举了。

享受文学的世界

到美国读博之后，一门心思都是在学术发展和写作上，基本上没有时间读文学作品了，除了一些曾经在海外轰动一时的华人作品，如哈金《等待》、张纯如《南京大屠杀》、虹影《饥饿的女儿》等等。国内的小说读得非常少，只读了陈忠实《白鹿原》、莫言《生死疲劳》等少数名著。

跨入 21 世纪以后，由于写社会主义建设时期的茶馆①，开始更多地关注 1949 年以后的中国普通人民生活的小说，如路遥《平凡的世界》、余华《活着》《兄弟》、莫言《丰乳肥臀》、梁晓声《年轮》《人世间》、刘震云《一句顶一万句》、姜戎《狼图腾》、金宇澄《繁花》、刘心武《钟鼓楼》等。

路遥《平凡的世界》第一卷 1986 年就出版了，作者去世也 20 多年了，但是我前两年才读这本名著，真是有点晚了。为什么我突然要读这本书？起因倒是有点偶然。因为读到一篇文章，方知道本书第一卷出版过程中的周折：原来投给《当代》，审稿编辑觉得太啰唆，故事没有悬念，看不下去，竟然被退稿，后来在《花城》上发表。本书获得第三届茅盾文学奖，而且后来被选为改革开放 40 年最有影响的小说之一。这就引起了

---

① 指作者在《当代公共生活的历史学思考——以成都茶馆作为个案》中的茶馆研究。编者注。

我极大的好奇，为什么这本名著居然会被退稿？便立即找到这本书来读，一口气便完成了前两卷。我发现路遥对中国农村和农民的描述，可以说是非常厚重，显示了他对生活深入而犀利的观察。

纪实文学也是我比较喜欢读的，如陈丹燕《上海的风花雪月》《上海的金枝玉叶》《上海的红颜遗事》、陆键东《陈寅恪的最后二十年》、梁鸿《梁庄十年》《出梁庄记》《中国在梁庄》三部曲等。为什么我对中国作家写同时代的作品最看重，因为我认为他们记录了他们心目中的历史，而当代普通人的生活史，历史学家几乎是忽略的。

这几年西方文学读得不多，但是也读了若干，赛珍珠的《大地三部曲》，只是因为看了奥斯卡得奖影片《大地》以后，想读原著，发现她对民国时期农民生活描写得非常真实。后两部感觉没有第一部好，而电影是根据第一部改编的，非常成功。

读了石黑一雄的《长日将尽》，也只是因为这部小说是描写一战，我现在正在完成一战与巴黎和会的研究。在疫情期间，读了加缪的《鼠疫》，对病毒来袭有了更深切的感受。还读了毛姆《月亮与六便士》、村上春树《挪威的森林》、卡勒德·胡赛尼《追风筝的人》等。读亨利·梭罗的《瓦尔登湖》，是因为我非常向往那种环境和生活。

另外也读了加西亚·马尔克斯的《百年孤独》，但是惭愧的是，大概只读了三分之一，最终没有耐心读完，可能是因为太复杂的叙事，太长的人名，或者众多的人物，不是我喜欢的风格，我读小说就是为了消遣放松，如果需要动许多脑筋的话，就提不起特别的兴趣了。当我看见有关报道，这本书在中国已经销售了上千万册，我怀疑这可能是在中国所有书中销售量最大的书。我就在自省，为什么这本书会读不完？是我的耐心不够，理解力不够，还是智力不够？

最近开卷但是没有读完的而大众都喜欢的名著，还包括埃莱娜·费兰特的《我的天才女友》。没有看完，不是因为觉得这部作品不好看，而是看了几章后，当时着急读另外一本书，就把这本书放下了，而且很久就没有机会再读。等想起再读这本书的时候，前面的内容都几乎忘得差不多了，又不想从头开始读，结果就耽误下来。

一些民国时期或者写民国时期的小说，也是我阅读的重点之一，如李劼人《死水微澜》记不得读了多少遍了，选读了《沈从文文集》《汪曾祺全集》《张爱玲全集》中的一些篇目，特别是《边城》《金锁记》等名篇。还读了钱锺书的《围城》、冯骥才的《俗世奇人全本》等。

我对新小说总是有很强的好奇心。近几年来，如果听到有反响比较大的小说，也会找来读，如陈春成《夜晚的潜水艇》、林奕含《房思琪的初恋乐园》、班宇《冬泳》、杨本芬《秋园》、王占黑《小花旦》《街道江湖》《空响炮》、张忌《南货店》《出家》、莫言《晚熟的人》以及李洱《应物兄》。我对《应物兄》感兴趣，是因为那部书描写的是大学的国学教授，我是想看看小说家笔下的大学教授的形象和故事。后来又顺便读了他的

《花腔》。

我在历史写作中，越来越多地使用文学资料。我曾经用成都竹枝词作为基本资料，来描写城市的日常生活。我甚至打算走得更远一些，我一直在思考利用《儒林外史》、《金瓶梅》、"三言二拍"等文人和市井小说作为资料，来研究文人、交往、旅行、生活、社会文化等，所以对这类书特别有兴趣。上述那几本古典名著其实过去都读过，最近几年又陆陆续续读了一遍，还记下了以后写作的一些要点。

没有时间读书怎么办

读到这里，或许有读者会问这样的问题：你哪里有这么多时间读书呢？这个问题算是问到点子上了。我们每天的时间是限定的，除了吃饭、睡觉、做家务、工作、上下班，所剩时间就非常有限了。大家都有多读书的愿望，但是无奈时间不多啊！

过去很长一段时间里，其实我也纠结这个问题。在教学和科研之外，很少有其他时间读与自己工作性质无直接关系的书，但是这个状态在我眼睛出了问题以后发生了根本的改变。

根据医生的说法，右眼视力不可能恢复，因此，我必须考虑，是为了保护好仅存的左眼，放弃学术的追求，从此"躺平"，还是不放弃，不认输，继续做自己愿意做的事情？当然我的选择是后者，因此在未来怎样最有效地使用眼睛，就是摆在我面前的当务之急。

在当时眼睛手术后还没有完全恢复的情况下，我决定采用听书稿的办法。哪知道，这个尝试，竟然让我的阅读量有了一个质的飞跃，听书成了我阅读的主要形式。而且这个改变，使我的阅读量数倍于过去。也就是说，视网膜脱落没有影响到我的阅读，反而促进了我读更多的书。这正应了那句老话："上帝为你关掉一扇门，就会为你开启一扇窗。"

我当时用的是三星手机，下载了一个叫@Voice的朗读软件，我便从头到尾听完了那本英文书稿，在听的过程中做笔记。这样书听完，审读报告的草稿也就差不多形成了。我从这个初次实验中尝到了甜头，便开始听其他书。

需要说明的是，其实有声书的存在已经有很长的历史了，但是那个时候有声读物都是真人朗读录音。而有声读物几乎都是那些大众读物或者畅销书，不能适应我的学术阅读的需要。那么，通过这个手机应用，我得以听许多word和pdf（扫描的pdf不行）文件格式的图书。后来改用苹果手机，苹果手机本身带有朗读功能，所以存在手机的"图书"应用的书都可以听。后来，我在手机中又下载了Kindle和MOBI Reader，更多的文件形式都可以朗读了。

就这样，虽然我每天的科研、教学、写作、行政事务安排得很满，还是能找到时间读书。最近六七年来，无论多么忙，我平均每天的读书时间应该不少于两个小时，手机成为我的读书利器，通过手机自带和下载的朗读软件，无论是什么文件格式，pdf、txt、word、epub、mobi，都可以朗读。这样，从起床穿衣整理床铺，到洗漱早餐，走路到办公室，或者外出办事购物，在家打扫卫生、做饭洗碗，或是饭后散步，我都可以听书。如果有时候失眠睡不着觉，或者是醒太早但是又不想起床，就打开听书功能，时间一点都不浪费。而且现在蓝牙耳机的续航都可以几十个小时，非常方便，听书的时候也不会打扰旁人。

讲一个关于我听书的笑话：有一次我在听《邻人之妻》的时候睡着了，梦见在大庭广众之下，我的手机正在大声播放书里面的色情内容（这本书是写美国性解放的非虚构作品），周围的人都听得到，都鄙视地看着我。我感觉他们都在对我进行道德的审判，想这个人看起来像知识分子，又一把年纪了，居然听这些色情的东西。我感到非常难堪，手忙脚乱地想调小音量、关掉音量都不行，着急死了。猛一下醒来，耳机还戴在耳朵上，手机还在播放《邻人之妻》。发现是南柯一梦，才放下心来。

读书方法因人而异，每个人也因目的不同、习惯不同，而有不同方法。但是，我始终认为，无论是学者、学生还是一般读者，阅读范围一定要超出自己的专业。我是一个历史学家，但是我的阅读范围包括人类学、文学、社会学、政治学等，此外还大量阅读各种虚构和非虚构的作品。我可以自信地说，只要我发现感兴趣的书，几乎都能找到并把它们读完。在我的iPad和iPhone上，装着各种专业和非专业的电子书，每次出差的旅途就是我阅读的好时机。一年算下来，这个阅读量是非常大的。最近些年，只要有朋友抱怨忙得没有时间读书，我就把这个方法热情地推荐给他们。

回顾我自己的读书生涯，就是一个逐渐走向世界的过程。先是立足于中国历史，虽然对外部世界也感兴趣，但主要还是关注中国的故事，中国的命运。在走出国门以后，眼界逐渐打开，但更多的是关心欧美的学术和文化以及社会，因为从中国进入到美国那个西方世界，要花很多年的时间去理解。到了澳门以后，澳门处于中西方的交汇处，在历史上就是西方与中国文化经济交流的桥梁，使我更关注全球化的问题。

在疫情暴发后，让我更多地去思考人类的命运。到底我们今天应该怎样认识世界，认识人类，认识国与国的关系。我们经济发展了，但是为什么我们中国现在处于一个非常严峻的境地？

其实有的问题，如果我们能够跳出国家和民族的思维模式，以世界和全球的眼光，对我们自己或许会有一个更清醒的认识。我们现在仍然需要拥抱世界。不仅仅是世界需要我们，我们也更需要世界。

（本文略有删减）

阅读，用思想窥见
澄澈的天光

孙正聿

吉林大学哲学社会科学资深教授、博士生导师，教育部社会科学委员会委员。主要研究马克思主义哲学和哲学基础理论。在哲学研究和哲学教学方面取得重要成果，发表学术论文200余篇。著有《马克思主义哲学智慧》《辩证法研究》《有教养的中国人》等。

历史是这样创造的：最终结果总是从许多单个的意志的相互冲突中产生出来的，而其中每一个意志又是由于许多特殊的生活条件才成为它所成为的那样。这样就有无数相互交错的力量，有无数个力的平行四边形，由此就产生出一个合力，即历史结果。

——［德］恩格斯《恩格斯致约瑟夫·布洛赫》

我几乎每天上午到南湖游泳、下午到图书馆看书，完整地阅读了《马克思恩格斯全集》和《鲁迅全集》。前者让我感受到理论的魅力，后者则让我体会到思想的穿透力。让我最为激动的是马克思的一句话，在太阳的辉映下，每一颗露水珠都会闪现出五颜六色的光芒，为什么人的精神只能有一种颜色呢？那时的生活是单调的，书籍却使我进入了色彩缤纷的精神生活。

——孙正聿

上学的时候，我一直喜欢"课外书"，尤其喜欢思想家传记和那些潜藏于作品里的深沉思想。高中毕业，我报考了哲学专业，但"文革"剥夺了考试的机会。1967年和1968年，由于既无学可上也无工可做，我几乎每天上午到南湖游泳、下午到图书馆看书，完整地阅读了《马克思恩格斯全集》和《鲁迅全集》。前者让我感受到理论的魅力，后者则让我体会到思想的穿透力。让我最为激动的是马克思的一句话，**在太阳的辉映下，每一颗露水珠都会闪现出五颜六色的光芒，为什么人的精神只能有一种颜色呢？**那时的生活是单调的，书籍却使我进入了色彩缤纷的精神生活。

1968年底，我到九台县龙家堡公社当知青，劳动之余，总是想方设法地找书读，用书中的思想反观现实的生活，并试图对生活和未来做出某种回答和预测。高尔基在《我的大学》中写道："对生活的思考是比生活本身更痛苦的。"我当时的思索也是痛苦的，深沉的。3年后，我被抽到长春铁路分局下属的长春东站当工人，做过装卸工、叉车司机、货运员、电影放映员等，无论从事哪个工种，充当何种社会角色，阅读与思考始终贯穿我的生活。

2013年的世界读书日，有媒体问"对我影响最大的书"，我说："我喜欢鲁迅的杂文，鲁迅深刻的洞察力，是一般的思想家、文学家所不具备的，他能够非常深切地洞察中国的历史文化、民族精神和最深刻的时代性问题，而且他的语言犀利，切中要害，入木三分。"鲁迅说："**捣鬼有术，也有效，然而有限**"。这应当是所有人的人生座右铭吧。

黑格尔曾说："人们经常挂在嘴边的名词，往往是最无知的。"**哲学要做的，就是把人们不当作问题的东西当作了问题，把人们习以为常、司空见惯的东西当作了问题，把人们认为天经地义、毋庸置疑的问题当作了问题，哲学是对"自明性"的追问。**

那么人为什么要读书呢？得从人生谈起。人生在世，按我的理解，主要是两件事，即想和做。想和做又各有两面，想包括"想什么和不想什么""怎么想和不怎么想"；做包括"做什么和不做什么""怎么做和不怎么做"。这些究竟是由什么决定的呢？毛泽东在《实践论》中说："**一个人的知识，不外直接经验的和间接经验的两部分。**""**一切真知都是从直接经验发源的。但人不能事事直接经验，事实上多数的知识都是间接经验的东西，这就是一切古代的和外域的知识。**"那么古代的外域的给予你的东西在哪里呢？就在书里。所以我想，人的一生要想问题、做事情，不外乎由直接经验和间接经验所决定，且最重要的是由间接经验决定的，而间接经验最直接、最重要、最普遍的载体就是书籍。于此着眼，书籍决定人生，书籍决定命运。这一辈子，你读了些什么样的书，你读到什么样的程度，就决定着你想什么、做什么，你怎么想、怎么做。说到全民阅读，最朴实地想，它决定着人怎么活着。

过去常有毕业生找我题字，我每次都题一个字：实。具体地说就是三句话：**态度要现实；工作要踏实；精神要充实**。这三者都同读书联系在一起。不读书就不能深刻地理解现实，不读书就不能有真实的本领做好工作，不读书更不能有充实的精神生活。一个人的精神生活怎么样，我认为最好的两个词是"充实"和"空虚"。充实，这个人的精神生活就健康；空虚，这个人的精神生活就无聊。可是怎么能够充实呢？充实最重要的来源就是读书。2013年吉大的开学典礼，谈及大学生在四年当中最重要的事，我讲就是"读什么书""做什么事""交什么友""想什么问题"，这决定着大学四年是怎么过来的，而这四年又决定着未来的一生是怎么样的。想什么和不想什么，我称之为思维内容；怎么想和不怎么想，我称之为思维方式；做什么和不做什么，我称之为行为内容；怎么做和不怎么做，我称之为行为方式。读书决定着我们的想和做，决定着我们每个人的思维内容和思维方式，行为内容和行为方式。

人之所以不一样，不是他的自然存在，而是他的社会存在。社会存在是怎么形成的？直接决定的就是你读了一些什么书。我们中国有句名言叫"君子坦荡荡，小人长戚戚"，西方人说"仆人眼中无英雄"，中国还有句话叫"不要以小人之心度君子之腹"，为什么呢？为什么人不一样呢？因为他读到的东西、接受的东西不一样，想什么和不想什么也不一样……读书不是可有可无的东西，而是决定你一生成为什么样的人，你一生活得好不好的最根本的东西。从这个角度去想，我想大家可能才会有读书的动力、渴望。

现代哲学有种说法叫观察渗透理论，就是说人们在看世界的时候，因为理论背景不一样，所以对世界的理解和追求也不一样。我很欣赏一个美国心理学家说的一句话：一个人只有在适当的年龄受到适当的教育，他才是人。这句话看似并不惊人，但若把它颠倒过来说会很震撼，如果一个人没有在适当的年龄受到适当的教育，他就不是人。现在为何有那么多犯罪事件，非常重要的原因，就是没有受到很好的书籍的熏陶，对生活的理解出现了偏差。

很多人还未从人生的根基出发，去认识教育和读书的重要性，我想只有从对人一生的决定性作用的角度去认识，才能把读书从一种号召变成每个个体的一种追求。讲座、座谈会、读书会等等都是必要手段，但最重要的是内化为他自身的认同、自觉和追求。人是一种文化、历史的存在，书籍是人类文明的一种载体，只有经过阅读，才能使自己从一个毛坯状态的人成为一个具有现代教养的现代人，才能在社会上生活得更好一些。

我在新中国首届高等学校教学名师表彰大会上代表百名获奖者发言时说："教学是一门艺术，更是一种境界。在教学中，宏观线索的勾勒、微观细节的阐述、逻辑分析的独白、讲解视角的转换、典型实例的穿插、恰到好处的板书、思想感情的交流、疑难问题的提示、人格力量的感染、理论境界的升华，所有这些必须是成竹在胸，水乳交融，挥洒自如，引人入胜……讲好课，不仅要求教师具有坚实的理论功底、广博的知识背景和灵活的教学艺术，而且要求教师具有融理想、信念、情操和教养于一身的强烈的人格魅力。"我一直以为，教师是我的职业，教学则是我的生活方式。"我教故我在"，倘不教学，还怎么作为教师存在？教师的自我实现不就在课堂和论著中吗？当教师的学术和人格魅力和谐地交织于课堂，学生求知的渴望才会被激发。

眼下的书籍多如牛毛，但仍可分成几大类。20世纪90年代，在一次座谈中，我把书分成8大类，即实用的、宗教的、政治的、八卦的、怡情的、引发思考的、人文社科的和自然科学的。值得思考的是，在人们的阅读中，这几类书的阅读量往往是递减的。

我还常把书分成实用的和非实用的，专业的和非专业的。实用的、专业的书，大家都能感受到它的用途。但是，从全民阅读的角度来看，可能它更强调的不是实用的、专业的书籍，而是人们通常所说的"闲书"。怎么看待"闲书"呢？人是一种心理的、生理的、伦理的存在，最近两年，我们最愿意问的两个问题，"你幸福吗？""你的梦想是什么？"什么是幸福呢？幸福首先要生理健康，生理健康就需要心理健康，生理和心理的健康更重要的是取决于伦理生活的和谐。也就是说人生不仅仅需要实用的东西，更需要一种使自己的精神生活充实，能够更好地去面对现实，能够更好地去协调伦理关系的知识和书籍。我曾对学生讲："大学生至少应该读两种书，有两种修养，即文学的书、文学修养，哲学的书、哲学修养。"文学使我们看到了别人的生活，哲学使我们更深沉地去思考生活与人生。"闲书"能够充实人的生活，使人生得到升华。

有些人经常会说没空读书，但他并不是什么都不看。这就要说到人本主义心理学家马斯洛的层次需求理论，人不仅仅满足于生存的需求、安全的需求，人更需要归属的需求、尊重的需求、自我实现的需求。比如说现在很流行的广场舞，人们一般认为跳广场舞就是健身，其实更重要的是满足一种归属的需求，在一个群体里，得到呼应，也可谓之气场，大家得到一种心理满足。你再看那个戴着白手套领舞的人，他可能这辈子没机会上舞台了，但就在那一刻，他得到了尊重以及自我实现的满足。人都想充实自己，而真实的充实自己不是外在的，是内在的，从这个意义上说，"闲书"就不是"闲书"了，虚的可能就是最实的。学了拧灯泡就会拧灯泡，学了做饭就会做饭，但都只属于技能，人生更重要的是要有种精神，形成完善的精神生活，得到智力的提升、毅力的培养。

人若想进一步提升，除了读陶冶性情的书，还要读"引起头疼的书"。人的一生如果没读过几本引起头疼的书，这一生至少是不深刻的。作家张炜曾对大学生说："如果在大学四年没有读过康德和黑格尔，你的四年大学就白读了。"倒不是说你非得读康德和黑格尔，而是说你要读较为深刻、能够引发思考的书。读过引起头疼的书，你就能活化那些陶冶性情的书；如果不读让人头疼的书，那些陶冶性情的书往往也会成为过眼烟云。

所谓"苦读"，强调的是一个"苦"字——不一目十行，不浮光掠影，不寻章摘句，不只过目而不过脑。读书首先要"发现人家的好处"。如果发现不了人家的好处，大概有两种情况，或者是因为它确无价值，或者是因为自己没读进去。如果是前者，可以由此引发自己对问题的思考；如果是后者，这书就等于白读了。读进去，读出人家的好处，才能成为自己的理论资源，才是"得道于心"。"读"，又不只是为了"寻找理论资源"，而且是为了"发现理论困难"。这不只是说要发现阅读对象的问题，更重要的是发现阅读对象为什么会出现这种问题，他所面对的真实的理论困难是什么。王国维提出过读书三境界，其中第三个境界是"众里寻他千百度，蓦然回首，那人却在灯火阑珊处"，要达到这一境界，仅仅"苦读"又不够了，还必须"笨想"。

所谓"笨想"，强调的是一个"笨"字——不投机取巧，不人云亦云，不要小聪明，抛开一切文本，"悬置"一切成说，面向事情本身——到底是怎么回事？**只有"笨"到追问各种似乎是不言而喻、不证自明、毋庸置疑和天经地义的问题，才会形成振聋发聩的真知灼见。**

"笨想"既是以"钻进去"的"苦读"为基础，又是以超越"苦读"的"跳出来"为目的。"苦读"和"笨想"，目的只有一个，就是"有理"。"有理"是把道理"想清楚"，不仅想清楚别人所讲的道理，而且想清楚别人没讲的道理。而"讲理"则是把道理"讲明白"。"讲理"不只是把"有理"系统化、逻辑化，而且是把"有理"引向清晰、确定和深化。

　　大学生和学者阅读本学科原著天经地义，是最基本的要求。我说过，"学政治学的不读罗尔斯不读诺齐克，学哲学的不读康德不读黑格尔，就等于什么都没学。阅读必须首先阅读经典，阅读原著，没有受过真正经典的熏陶，你的思想不会有升华，看问题也不会那么透"。

　　说实话，从教30多年来，我几乎没有"节日""假期"的概念，总有一些问题萦绕在脑海里。"业余"的爱好主要是看文学方面的书刊，我期期都看的是《中篇小说选刊》，文学是时代的敏感神经，我常从这根神经去理解"时代精神的精华"——哲学。三联的《读书》也是我常看的刊物。

　　先回到我方才说的"讲理"，"讲理"不只是要"说"明白，更重要的是要"写"明白。在写作过程中，我最看重思想、逻辑和语言，所谓"思想"，就是要有独立的创见，这就需要"在思想上跟自己过不去"；所谓"逻辑"，就是要有严谨的论证，这就需要"在讲理上跟自己过不去"；所谓"语言"，就是要有优美的表达，这就需要"在叙述上跟自己过不去"。我很欣赏苏珊·朗格在《艺术问题》中提出的美学问题。她说，"艺术创造"。什么叫"创造"？舞蹈家创造了胳膊还是创造了腿？看一幅画，画家创造了油彩还是创造了画布？读小说，作家创造了语言还是创造了文字？什么也没"创造"嘛，但他创造了意义！我想说，优秀的学者，他的语言、理论也应该创造意义吧。我不会写诗，但总想简洁地表达自己对生活的感慨，所以写过些"短章"，说几条，算和大家共勉吧。

40岁时，我写过几句话，"年过不惑亦有惑，爱智求真敢问真；是是非非雕虫技，堂堂正正方为人"。60岁时，我写了名为"咏叹哲学"的几段文字，有一段是这样写的："我常常在房间里踱步——被思想激动得不能安坐；我常常在窗台前眺望——用思想窥见澄澈的天光；我常常在书桌前疾书——让思想在笔端自由流淌"。在学术研究中，我强调四个"真"字："**真诚，要有抑制不住的渴望；真实，要有滴水穿石的积累；真切，要有举重若轻的洞见；真理，要有抽丝剥茧的论证**"。还有四点体会，"一是乐于每日学习，志在终生探索；二是平常心而异常思，美其道而慎其行；三是忙别人之所闲，闲别人之所忙；四是人格上相互尊重，在学术上相互欣赏"。关于做人，也有两句，"谁都没有什么了不起，但是谁都可以了不起"；"当别人把你当回事的时候，你千万不要把自己当回事；当别人不把你当回事的时候，你千万要把自己当回事"。

"人无法忍受单一的颜色，所以我们的梦想是五彩缤纷的；人无法忍受凝固的时空，所以我们的梦想是汹涌澎湃的；人无法忍受自我的失落，所以我们的梦想是无法抑制的；人无法忍受存在的空虚，所以我们的梦想是饱满厚重的；人无法忍受彻底的空白，所以我们的梦想是指引未来的。"这是2013年在吉大讲《勇于承担实现梦想》时的一段话，也在此与有梦想的朋友们分享。

读出人家的好处，发现人家的问题，悟出自家的思想。

读书是件好玩的事

陈平原

北京大学博雅讲席教授、北大二十世纪中国文化研究中心主任、教育部"长江学者"特聘教授、中央文史研究馆馆员、中国俗文学学会会长。著有《中国小说叙事模式的转变》《千古文人侠客梦》《中国现代学术之建立》《中国散文小说史》《中国大学十讲》等。

你所说的现在的消失，不仅因为从前持续三十年的时尚如今只持续三天。这同样与我们讲到的事物的过时有关。从前，你花几个月时间学骑自行车，一旦学会，这就成了一件终生有效的家当。如今，你花两星期学用一个新的电脑程序，等你渐渐能操作时，更新的程序又出现了，强制一般。因此，这里的问题不是集体记忆的丧失。在我看来，这更像是现在的不稳定。我们不再活在一个平和的现在之中，我们只是没完没了地为未来努力做准备。

　　——［法］卡里埃尔、艾柯《别想摆脱书：艾柯、卡里埃尔对话录》

　　我同意艾柯的意见，过分追求速度，从城市建筑到饮食习惯到阅读工具等，一切都"日新月异"，这确实不是好事情。

　　——陈平原

谈起读书，我欣赏清代文人张潮《幽梦影》中的说法："有工夫读书，谓之福。有力量济人，谓之福。有学问著述，谓之福。"在校学生一般感觉不到这一点，还埋怨老师布置那么多"必读书"，实在"不人道"；走出校门后，为谋生终日忙碌，那时才意识到，有时间、有精力、有心境"自由自在"地读书，确实是很幸福的事。

本想说"人生得意须读书"，怕同学们误解，说我好了伤疤忘了疼，故意隐瞒青灯苦读的辛酸，也不谈考试前夜不能看足球赛的痛苦，更不关心"掉粉"或"出局"的尴尬。好吧，那就换一个角度，探讨读书的感觉，到底是美好、痛苦、严肃、快乐，还是酸甜苦辣咸五味杂陈？读书很快乐，但读书也很艰难，凡只说一面的，都是骗人。正因为读书"苦乐相生"，既有挑战性，又不是高不可攀——不像造航天飞机或飞往火星那么难，普通人只要愿意，都能实现，因此，我才说读书"真好玩"。

自古艰难"劝学文"

八年前我讲"作为一种生活方式的读书"，称古今中外的

"劝学文"大都不可信。不是说别人不行我行，我的也不行。问题在于，明知"劝学"效果很有限，为何还有那么多往圣先贤乐此不疲？

劝人读书，拿"黄金屋""颜如玉"来引诱，这很俗气，可又很实在，也很有效。"文革"期间，我在粤东山区当民办教师，农村的孩子不爱读书，经常辍学，因而得去家访。家长是这样教训孩子的：你要好好读书。读好书，将来就像你老师这样，不用下田干活。20世纪90年代初，我重回山村，早年的同事告诉我，现在的家长改口了：你要好好读书。要不，就得像你老师这样，走不出山村。那些教育自家孩子"好好读书"的家长，不见得知道《劝学诗》，可思路是一样的。

问题来了，有人读书多，很成功；有人读书少，也很成功；有人基本不读书，同样赚大钱，甚至还当了皇帝。当老师的，你怎么给学生解释：当下中国不少"成功人士"学历很低，手下却有无数博士、教授、院士围着他团团转。那些"头悬梁锥刺股"者，始终"怀才不遇"，或连"才"都没得"怀"，难怪一想起来就很窝火。其实，古今传诵的各种读书名言，因其针对特定时代的特定人群（学者、文人、权相、帝王），即便有一定道理，也不可全信。"开卷有益"作为各种读书节的口号，需要仔细推敲——为什么开卷、开什么卷、如何开卷，以及开卷的效果怎样？谈读书，我更愿意先问这"读书郎"的年龄、职业、心境、目标等，然后才"给个说法"。比如，王国维的"三境界说"，就只适合于专家学者，拿到广场上去对着大众宣讲，什么"独上高楼"，还有"灯火阑珊"，听不懂。

有些道理，不是每个人都能领悟的。说绝对点儿，每个人都有自己的读书体会，很少能"版权转让"。若"众所周知"，不用你来唠叨；若"独得之秘"，那我听了也没有用。

在当代中国，还有一个很棘手的问题：读好书，不见得就会有好出路。面对此新时代的"读书无用论"，当老师的你不能不回应。我多次批评实行了十多年的"大学扩招"。真正让人感到棘手的，还不是教授们耿耿于怀的"教学质量下降"，而是大学生就业日渐艰难，而这将影响整个国家的"安定团结"。

现在情况如何？据《中国统计年鉴2012》，1978年普通高校在校生人数是85.6万，20年后的1998年，增长到340.9万。第二年开始扩招，10年后的2008年，变成了2021.0万。截止到2012年底，普通高校在校学生数为2536.5647万人。我们只说更多人上大学是好事，可大学毕业生找不到工作的痛苦，并没有被真正关注。任何一个国家的政府，都不可能保证所有大学生就业——除非回到计划经济时代；但如果一个社会存在着大量无法就业的大学毕业生，这个社会是很不稳定的，或者说是很危险的。

"劝学文"之所以难写，因为大道理谁都懂，难处在细节——而那精微之处，确实是"纸上得来终觉浅"。因此，连带今天晚上的演讲，只能是"姑妄言之，姑妄听之"。

“专业化”与“业余性”

晚清西学东渐以后，我们整个教育制度变了，世人对于“学问”的想象，也跟以前大不一样。过去说，读书人应博学深思，所谓“一物不知，儒者之耻”。现在呢，专业化成为主流。而与此相联系的，便是国人对于“高学历”的盲目崇拜。过去找工作，大学毕业就行了，现在水涨船高，非硕士、博士、博士后不可，这种选人的眼光是有点儿势利，但并非毫无道理。因为，当今世界，“专业化”乃大趋势。

德国著名政治经济学家和社会学家马克斯·韦伯1919年在德国的慕尼黑大学为青年学生做题为《以学术为业》的讲演，此演讲影响了好几代学者，至今仍被强烈关注。演讲中，韦伯有这么一段话：“学术已达到了空前专业化的阶段，而且这种局面会一直继续下去。无论就表面还是本质而言，个人只有通过最彻底的专业化，才有可能具备信心在知识领域取得一些真正完美的成就”；“只有严格的专业化能使学者在某一时刻，大概也是他一生中唯一的时刻，相信自己取得了一项真正能够传之久远的成就。今天，任何真正明确而有价值的成就，肯定也是一项专业成就”。

将近一个世纪过去了，韦伯的断言依然有效。直到今天，“空前专业化”仍是学术界的主流思想。当然，这种“专业化”强调到了极端，会有很大的弊病。尤其对于人文学者来说，可能限制其学术视野，也可能影响其综合判断，更可能消解其本该承担的社会关怀。因而，必须引入萨义德的说法。

爱德华·萨义德在《知识分子论》一书中称，"挑战着知识分子的诚信和意志的四种压力"中，第一个就是"专业化"："今天在教育体系中爬得愈高，愈受限于相当狭隘的知识领域。"作者希望"用我所谓的业余性来对抗"这一压力，也就是说，"不为利益或奖赏所动，只是为了喜爱和不可抹杀的兴趣"而从事学术研究。

关于学者如何超越具体专业的限制，中国人有个绝妙的说法，叫"博雅"，与"专精"相对应。不同于"文人"，不同于"专家"，也并非汗漫无所归依，而是"有专业但不为专业所限"。如果你受过高等教育，那么，不管是今天在校念书，还是毕业后走上工作岗位，最大的困境，很可能便是如何在"专业化"与"业余性"之间保持必要的张力。

面对这个困境，有三种选择：第一种，"两耳不闻窗外事，一心只读专业书"，直奔院士或诺贝尔奖而去；第二种，自由阅读，不求闻达，追求生活的舒坦与适意，无意或无力成为专业人士；第三种，既想成为杰出的专家，又希望保留阅读的乐趣。这第三条道路最艰难，也最值得期许。在"专业化"与"业余性"之间徘徊，那是一辈子的事情；至于在学期间，可以有轻重缓急，但我不主张过早地舍弃某些"题中应有之义"。

当老师的，说话必须负责任，切忌"语不惊人死不休"。比如，你到中学演讲，学生问你，"要不要完成老师布置的作

141

业？""好不好偏科发展？"还有，"我不喜欢数学，能不能翘课？"你怎么回答？如果告诉他："没关系的，钱锺书当年考清华，作文满分，数学也才得了15分"；或者说，"上不上大学其实无所谓，比尔·盖茨不也中途退学了嘛！"这样的回答，学生肯定很高兴；但我说不出口，因为这会害了他。教书多年，深知可以给大学生讲的，不见得适合给中小学生讲；甚至给博士生指的路，也不一定适合于本科生。我的观察是，到了大学三年级，心智基本成熟，可以深入地探讨做人以及读书的困境，还有突围的方法等。

关于"专业化"与"业余性"的纠葛，没有统一的答案；作为读书人，这个困境你必须认真面对。所有关于"读书"的论述，其实都该有的放矢：相对于独尊自然科学的潮流，我们强调人文学的意义；相对于过分看重考试分数，我们突出人文修养；相对于专家之炫耀专业性，我们标榜阅读兴趣；相对于道德教育的居高临下，我们强调人文教育的体贴入微；相对于高歌猛进的功利性阅读，我们主张"随风潜入夜，润物细无声"。为什么这么做？因为在我看来，当下中国，要讲"阅读的敌人"，首推过分"功利化"。

听名人谈读书，一定要保持警惕，他们的发言都有特定语境，不能无条件接受。比如鲁迅，关于读书便说了许多精彩的话，但每回立说的姿态都不一样。在《名人和名言》中，鲁迅针对专业化时代公众对于"专家"的盲目崇拜，称"专门家除了他的专长之外，许多见识是往往不及博识家或常识者的"。

在《随便翻翻》中，鲁迅称随意翻阅杂书，可以消闲，也可以增长知识，应该对照比较，甚至不妨读读"明知道和自己意见相反的书，已经过时的书"。在《读书杂谈》中，鲁迅主张和社会接触，要"自己思索，自己观察"，让所读的书活起来，"倘只看书，便变成书厨，即使自己觉得有趣，而那趣味其实已在逐渐硬化，逐渐死去了"。而在《不是信》中，鲁迅提及自己撰写《中国小说史略》，称"我都有我独立的准备"——这里说的是治学态度及方法。每句话都有道理，但每句话也都有局限性，合在一起，才是完整的鲁迅"读书观"。也就是说，挂在口头的轻松与压在纸背的沉重，二者合而观之，才是真正的读书生活。

"有问题"且"讲趣味"

同样是"读书"，有两种不同的姿态与目标：一是在大学里修习相关课程，准备拿学士、硕士、博士学位；二是课外学习，自学成才，或走出校门后自由阅读。最大差别在于，后者不必要"循序渐进"，也没有"进度"或"成效"方面的考核指标。

肯不肯读书是一回事，会不会读书又是一回事。有的人读了一辈子书，勤勤恳恳，但收获不大，连一点"书卷气"都显示不出来。为什么？原因很多，最大的可能性是方法不对。以我的观察，会读书的人，大多有明显的"问题意识"。知道自己为什么读书，从何入手，怎样展开，以及如何穿越千山万水。作为"文革"后第一届大学生，我们七七级入学时年纪普遍较大，学习很自觉。八〇级基本上都是应届毕业生，因此学校安排我们这些大哥大姐去介绍学习经验。那时我真勇敢，竟然跑去跟学弟学妹们谈怎么读书。记得我当时的发言，主要是质疑金字塔读书法。胡适的"为学要如金字塔，要能广大要能高"，常被老师们用来教育学生，要求好好打基础。我说，这方法对我们不适用，因为没有具体的工作目标及衡量标准。学海无涯，一味追求既"广"且"大"，到我们退休了，还没到长"高"的时候，岂不可惜？我自己的体会是，读书当如"挖树兜"。选择特定的树桩，顺着树根的走向往四面八方挖，挖着挖着，就连成了一个网络，你大学阶段的学习任务就算完成了。当时博得一片喝彩声，后来我自己反省，如此挖树兜的读书法，明显比较功利。

对于那些已经完成基本训练或走出校门的人来说，我的"挖树兜"读书法不无可取之处。只有带着问题学，才能选准目标，集中精力，最大限度地调动你阅读的积极性，而且容易见成效，鼓励你不断往前走。

对于"非专业"人士来说，选择与自己本职工作相关或自家特别感兴趣的课题，然后上下求索，这样读书比较有效，也有趣。1922年8月，梁启超应邀到南京东南大学的暑期学校讲学，有一讲题为《学问之趣味》。其中提及"必须常常生活在趣味之中，生活才有价值"；而最能引发趣味的，包括劳作、游戏、艺术、学问等。我相信，人生百态，"读书"是比较容易"以趣味始，以趣味终"的。最近这些年，我发现一个有趣的现象，很多退休人士，因信仰、投资、旅游、收藏等缘故，拼命读书，且很有心得。没有考试的压力，也不想成为专家，就是喜欢，甚至成痴成疵成癖。用晚明张岱的话来说，有痴有疵有癖才可爱，因其"真性情"。读书也一样，不管你喜欢读哪方面的书，只要能读出乐趣来，就是好事。在我看来，读书讲趣味，比讲方法、讲宗旨要重要得多。

"有问题"，迫使你深入钻研；"讲趣味"，故"可持续发展"。这两者相辅相成，读书就变得好玩了。

"目迷五色"说开卷

先不问你阅读的到底是哲学著作还是色情小说，是物理课本还是炒股指南，先说说传播信息或知识的媒介，即你到底是在读书本、读报刊、读电视、读网络，还是在读手机？很可能这五种媒介你都涉及，问题在于，一天只有24小时，扣除吃喝拉撒以及必不可少的睡觉，剩下的时间你如何分配？是阅读书本为主呢，还是主要挂在网上？是喜欢博览报刊呢，还是热衷迷恋手机短信？所有这些，都深刻影响你我的阅读立场以及效果。

面对这五种媒介，哪个优先，何者为重，跟阅读者的年龄、职业、修养有关。我反省自己，最近十年，读书的时间明显减少，每天总有一两个小时贡献给了网络，报刊粗粗翻阅，电视可有可无，手机则基本不看——广告固然深恶痛绝，贺卡也没有人气，段子更是统一制作。至于比我小二三十岁的，他们从小接触网络，挂在网上的时间肯定比我多。或许，对他们来说，正襟危坐地读书，远不及网上阅读舒适。网上的读物，并非都是"轻薄短小"。学生告诉我，很多人在网上下载艰深的哲学书籍。可我知道，"下载"和"阅读"是两个概念，你或许收藏时起劲，阅读却没有时间。

信息技术上的革命，确实改变了很多人的阅读习惯。眼看着电子书的平台越来越多样化，掌上阅读器的价格越来越便宜，界面也越来越友好，"沉湎书海"变得轻而易举。可买回来储存量大、内容丰富、检索方便、图文声像结合的阅读器，你以为大家都在"读书"？不，主要是用于收藏或检索，更多的人是在玩游戏。有个大出版社的社长兼总编告诉我，原本以为电子书会成为纸本书的"终结者"，现在看来没那么悲观——"手不释卷"依旧还是大多数人"认真阅读、刻苦钻研、沉潜把玩"时的标准姿态。我没有那么乐观，因为现在的读书人，大都在网络尚未兴起或不太成熟时接受的教育，基本养成了阅读纸质书的习惯；随着时间推移，等那些从幼儿园起就接触网络或电子书的一代人成长为社会中坚，那个时候，才是决定纸质书命运的关键时刻。

对于习惯于阅读纸质书的我来说，电子图书或网络数据只是用来查阅与检索；至于下一辈的学者，很可能走出另一条道路。我不反对研究生阅读校对精良的电子图书，甚至要求他们做学问时要善于使用各种数据库。我唯一担心的是，这五种不同的媒介，本代表着知识传播道路上的不同阶段，如今同台竞技，让大学生们眼花缭乱，不知该如何选择。最怕的是，整天在网络上东游西荡，表面上忙忙碌碌，实际上收获甚微。还不仅是阅读的效果，更重要的是心情——面对网络上排山倒海、五花八门、激动人心、不读就OUT的信息，你还能沉得住气潜心阅读思考吗？说句玩笑话，当下中国的读书人，可真是"五色令人目盲"。

长久来看，传统意义上的"阅读"面临很大的困境。很多人都明白困境所在，对自己的阅读状态也很不满，问题在于，生活在日新月异的网络时代，你我该怎么办？

我之所以强调阅读书籍，那是因为，阅读与思考，不仅是获得某种具体的知识，更是开拓眼界，锤炼思维，养成趣味——说不定还能防止老年痴呆症呢。因此，我仍固执己见，认定"读书"很重要，必须认真对待。过去说买书不如借书，借书不如抄书。为什么？因为那种紧张的阅读，需要调动全部的精气神。如今则移动鼠标，一目十行，边听音乐，边品咖啡，还有一搭没一搭地跟朋友聊天，这样的阅读习惯养成后，很难再集中精力做一件事情。现在的大学生，很少能在课堂上记笔记的，说老师你把讲稿给我们不就得了吗。可我理解的记笔记，主要是迫使自己集中精力，否则你跟不上思路，抓不住重点，记不下来的。

网络时代的"压舱石"

在《别想摆脱书》中，艾柯有一段妙语："事实上，科技更新的速度迫使我们以一种难以忍受的节奏重建我们的思维习惯。……母鸡可是花了将近一个世纪才学会不去过街。它们最终适应了新的街道交通情况，我们却没有这么多时间。"母鸡的故事不可考，但趣味盎然。我同意艾柯的意见，过分追求速度，从城市建筑到饮食习惯到阅读工具等，一切都"日新月异"，这确实不是好事情。

以前的人，经由一系列学习，到了20岁左右，其知识及经验已足够支撑一辈子——除非你想成为某一方面的专门家。现在的人多累呀，不断学习，永无止境，各种知识——尤其是电子产品——不断更新，稍不留神就落伍。过去的长辈喜欢说："我吃盐多过你吃米，过桥多过你行路。"那个时候"经验"很重要，老人很权威；现在的老人真可怜，忙碌了一辈子，到了退休时，还得经常向儿孙请教，这电器怎么用，那开关是干什么的。儿孙辈又很忙，嫌老人怎么这么啰唆、这么笨，这么简单的事都搞不懂。

有时候我想，有必要这么一辈子紧紧张张地追赶吗？学不完的知识，忙不完的活！

我之落伍，最新的表现形态是拒绝微博。以140字左右的文字更新信息并实现实时分享，自主发布，实时播报，短小精悍，写作便捷，门槛很低，商机极大……这我都相信，但如此随时随地发感慨、晒心情，不正是知识及思维日益碎片化的表现吗？本来是沟通信息、联络感情为主，有人用来炫耀财富，有人用来反腐揭弊，有人用来聚集人气，有人"随时随地分享身边的新鲜事"，有人则"把握营销未来"。最有趣的说法，莫过于"微博有利于身体健康"——大家都活得很压抑，有微博发泄不满、博取眼球、获得自信，因而一扫阴霾，何乐而不为！

我以为，微博作为一种表达形式，自娱可以，交友可以，揭弊也很好；但文体上有明显缺陷，写作心态不佳，传播效果也可疑。大学生、研究生偶尔玩玩可以，但如果整天沉迷其间，忙着写，忙着读，不考虑花费多少时间和精力，则有点儿可惜。因为，我关心的是如此红红火火的微博，对于中国文化建设的意义到底有多大。很多人欢欣鼓舞，理由是"在微博上，140字的限制将平民和莎士比亚拉到了同一水平线上"。如此强调草根性，这到底是好事还是坏事？平等是平等了，但文化上的创造性，真的被激发出来了吗？我感到忧虑的是，没有沉潜把玩，不经长期思考，过于强调时效性，且最大限度地取悦受众，久而久之，会成为一种生活方式及思维习惯。而这，无论对于学者还是文人，都是致命的诱惑。当然，若是大众娱乐，那没问题；用作商业营销，也很有效。至于造谣与辟谣，那更是"及时雨"。

之所以如此杞人忧天，且公开说出我的困惑，是有感于今日中国的大学生、研究生，很多人乐此不疲，且将其视为最大的时尚，过高地估计了此举对于人类文明的正面效应。最近十年，网络力量狂飙突进，不要说城市面貌、生活方式，甚至连说话的腔调都"日新月异"。年轻人因此而志得意满，忽略了各种潜在的危险——包括读书、思考与表达。

稍有航海知识的人都懂得，空船航行时，须备有"压舱石"，因此时船的重心在水面以上，极易翻船。在我看来，人文学（文学、史学、哲学、宗教、伦理、艺术等）乃整个人类文明的压舱石，不随风飘荡，也不一定"与时俱进"，对于各种时尚、潮流起纠偏作用，保证这艘大船不会因某个时代某些英雄人物的一时兴起胡作非为而彻底倾覆。在各种新知识、新技术、新生活不断涌现的时代，请记得对于"传统"保持几分敬意。这里所说的"传统"，也包括悠久的"含英咀华""沉潜把玩"的读书习惯。

读书本是平常事

设立"读书节"，其实是无奈之举——呼吸不需要，吃饭不需要，娱乐也不需要，唯独"读书"需要成为节日，就因为大家没有养成良好的读书习惯。最好的状态是，这"读书"已经成为再普通不过的事，不必要你提醒，也不用敲锣打鼓地提倡或庆祝。

读书本是平常事，需要提倡的是"读好书"，我说的不是阅读好的书籍，而是高效且深入地读书。这很不容易。古今中外谈"读书"，没有比宋代大儒朱熹更精细的了。体贴入微，要言不烦，尤其是读书状态的描述，特别生动，值得推荐给诸位："**须是一棒一条痕，一掴一掌血！看人文字，要当如此，岂可忽略！**""**直要抖擞精神，如救火治病然，如撑上水船，一篙不可放缓。**""**耸起精神，树起筋骨，不要困，如有刀剑在后一般。**"不是所有的书都值得这么读，但如果从来没有这么读过书的人，必定不是合格的"读书人"。

最后，建议诸位认认真真读几本好书，以此作为根基，作为标尺，作为精神支柱。过去总说"多读书，读好书"，以我的体会，若追求阅读的数量与速度，则很可能"读不好"。成长于网络的年轻一代，很容易养成浏览性的阅读习惯，就是朱熹说的"看了也似不曾看，不曾看也似看了"。因此，我主张读少一点儿，读慢一点儿，读精一点儿。世界这么大，千奇百怪，无所不有，很多东西你不知道，不懂得，不欣赏，一点儿也不奇怪。我在《坚守自家的阅读立场》一文中称："基于自家的立场，自觉地关闭某些频道，回绝某种信息，遗忘某些知识，抗拒某些潮流，这才可能活出'精彩的人生'来。"这就是我关于"阅读"的基本立场。

读书是我生活的全部

吴晓波

财经作家，哈佛大学访问学者，"蓝狮子"财经
图书出版人。曾有13年商业记者生涯，后辞职专注
写作与商业，涉足知识付费、电商等领域，举办年终
秀，在财经界和文化领域都有广泛影响力。著有《大
败局》《跌荡一百年》《浩荡两千年》《腾讯传》等。

文明越多样，技术，能源和人民的变化越多，就越需要大量信息流通其中，维持住整体。

——［美］阿尔文·托夫勒《第三次浪潮》

　　《第三次浪潮》，阿尔文·托夫勒1980年写的。他告诉我们，第二次浪潮结束了，信息化革命即将到来。我们读到这行字的14年后，马云出现了，马化腾出现了，新浪出现了，而十几年前就有人看到了即将到来的历史。

——吴晓波

听班长谈了很多读书的事情，讲"引领一座城市的阅读习惯"，我也想谈谈我对阅读的看法和体会。其实，主持人讲了一堆的头衔，跟我都没啥太大关系，我就是一个读书人。我最近一个月基本上没出门，就是在家里写书，在写2008年到2018年的中国企业史①。如果你们去过我的书房的话，会看到到处都是书。我是一个处女座，你们知道处女座的一个特点就是"龟毛"②，特别龟毛。但是我们家里最乱的就是我的书房。而且我的书房，我们家阿姨是不能动的，因为动以后我就不知道书在哪儿了，所以那个书房是乱得一塌糊涂。我要等到书写完以后，喘口气，大概一个月以后，我再把这些书颠三倒四地该归到哪儿归到哪儿，"兄弟们都各安其位，封神榜就算完成了"。这一段书房乱得一塌糊涂，很多的打印稿、听打稿，还有一些书，它可能只有一点点、一部分的材料有用，我可能要等到一个月以后才会写到它，那就找个地方把它放到那儿，用纸条贴到那儿、订在那儿。

阅读对我来讲，书对我来讲，可能跟很多人不一样。读书对在座各位可能是生活的一部分，对我来讲可能是生活的全

---

① 即《激荡十年，水大鱼大》。编者注。

② 流行于台湾的用语，意指过度讲究细节。编者注。

部。如果不读书、不写书，那就真的不知道该干什么了。

我的阅读习惯的培养，跟大学时候还有挺大的关系的。我记得我们那个时候读书，不像现在这样。其实现在和30多年前相比，最大的区别是，我们那个时候的知识是属于短缺经济时代，没有什么书可以读。我在我的文章里曾写过，我的大学四年，因为那时候女朋友在杭州，我没有办法谈恋爱，那就是在读书。三年时间我就把复旦大学文科图书馆的书读完了，那时候一排一排读过去，后来一些同学问我说，你怎么可能把书都读得完呢，我说那时候就是能读得完，因为确实没多少书，文科图书馆加在一起就那么两层楼，你说能不能读完。

三年就读完了，我读到三年级下的时候，我们那个图书馆的阿姨要把女儿嫁给我了。我想那不行啊，然后她说楼上有个古籍图书馆，本科生只能读现、当代的图书，那些线装本、明清版本本科生读不到。她说，你可以到楼上去读古籍。你们知道去看古籍，我看的第一本书是什么吗？我没有去看特别深奥的东西，我去找林徽因的诗集。我在下面看到很多人喜欢林徽因，但没有她的照片。我到楼上找到的第一本书，就是林徽因的一本诗集。那时民国的时候喜欢用一个椭圆形的相框照片，姑娘长得是很漂亮的，但是诗写得其实是挺一般的。

所以那时候确实读了很多的书，而且这些书籍现在看来真的是影响我非常多。我记得我们那个时候文科生的班级里，几乎每个寝室都有两本书，一本是《朦胧诗选》——现在大家不读诗了吧？大家读歌词、读弹幕——那时候还读诗，是北大谢冕编的，像北岛、顾城、海子、欧阳江河他们的朦胧诗选。所以那时候，男生给女孩子写情书写得挺好的，都是诗里面抄来的。不像现在16个字就解决问题了。第二本书是《第三次浪潮》，阿尔文·托夫勒1980年写的。他告诉我们，第二次浪潮结束了，信息化革命即将到来。我们读到这行字的14年后，马云出现了，马化腾出现了，新浪出现了，而十几年前就有人看到了即将到来的历史。

我记得前年我碰到周国平，我对他说，周老师，非常感谢你，你的一本书改变了我对这个世界的看法。周老师吓得有些诚惶诚恐，他说怎么回事呀，我犯了多大的错？我说没有。因为20世纪80年代的时候他出过一本书，《尼采：在世纪的转折点上》，他是"文革"以后第一个介绍尼采的人。我跟周老师说，打开您那本书，有一句话，叫作"上帝死了"。我们都是集体主义长大的，都是戴着红领巾长大的，都相信很多组织，但是上帝死了以后，我们就不再相信了，我们只相信自己了。所以人文主义的崛起，存在主义的崛起，解构主义的崛起，就是那些思想，从尼采到萨特，到德勒兹……这部分人的哲学，在整个80年代末进入中国以后，整整改造了当年在大学里的一代人。

那时候还读另外一本书是沈从文的《湘行散记》。大家现在看我的文字，我对汉字的理解，以及我对汉字的警惕，都来自沈从文。我特别喜欢他20多岁写的东西，充满了力量、充满了野性，20多岁他在北京的一铺炕上，一边抹鼻血——他年轻时身体很弱，因为写作所以活了80多岁——一边写《湘行散记》。后来我又看他老年写的东西，他在60多岁的时候写了一本《中国古代服饰研究》。我把他20多岁写的东西和60多岁写的东西一对比，我对汉字就有极大的警惕性。我记得我在一篇文章中写过，汉字，一个人的写作能力，和他身上的肌肉是一样的：你二十几岁的时候很年轻，身体是没有任何赘肉的，见佛杀佛，见鬼杀鬼；年纪不断大了以后，讲话就会变得越来越啰唆，你的文字也会越来越口水化，短句越来越少，长句越来越多，动宾结构越来越少，因果结构越来越多，变得非常拖沓。中国很多六七十岁的老年人，他的文字就很拖沓。我从二十几岁就警惕自己说，我不能让我的文字拖沓下来，要让它紧致起来。当然，我那个时候还碰到了弗里德曼、李普曼、德鲁克，碰到了很多这些后来改变了我职业的人。

卡尔维诺写过一本书叫作《为什么读经典》，各位读过没有？他是位意大利作家，专门写了本很薄的书，就是这本《为什么读经典》。他说一个人碰到一本经典的图书，有的时候是命中注定会遇见的，但是在年轻的时候遇到它，其实你并不能够完全地理解它；随着你阅历的增长，这本书会跟你同时成长。也就是说，你三十几岁的时候看到的一本书，当你四十几岁看的时候，你会看到另外一个景象；当你五十几岁再去看的时候，又会看到另外一个景象；当你七十几岁又读这本书的话，这本书又会跟你一起成长。这就是为什么要读经典，为什么要反复读经典的问题。

刚才月饼讲阅读的事情，我觉得我们人的一生，其实并不需要读很多浩瀚的图书——这个事情也挺耽误事的，耽误我们谈恋爱，耽误我们旅游，耽误我们赚钱——比较重要的事情是：第一，一个人在二十几岁的时候，能够建立起自己的阅读价值观，就是你的学理体系，这挺重要的。第二，是在建立学理体系的前提下，你能够学会选择。我觉得选择是特别重要的事情。不要乱读书，很多书其实跟你没有关系，就跟我们看到很多马路上的路人一样的，你每天都见到很多的路人，但并不是每一个路人，都需要你去跟他交换个名片、跟他诉衷肠，不需要有那么多的朋友，不需要读那么多的书——那都是挺耽误人生的事情。但是你在二三十岁的时候，建立一套自己阅读的认知体系，你要知道自己喜欢什么样的文字，喜欢什么样的作者，愿意建立怎么样的知识体系，特别重要。建立完这个体系以后，再往前面跑。

　　比如说，我很少读小说，但我读大量的诗歌和散文——你很难说这是一件好事还是一件坏事——但我就是从二十几岁养成了这样的一个习惯。我读虚构类作品非常少，但我读非虚构类作品很多，读虚构类书我就读它最抽象的部分，读哲学，读诗歌，它最柔软和最坚硬的部分。每个人可能需要培养一种自己的阅读习惯。

　　我进入社会以后，在很长一段时间里，读书是一件效率特别低的事情。因为20世纪90年代以后，中国形成具有自身特点的商业社会形态，我们评价一个人，都是评价说，你在市场上值多少钱。刚才主持人还评价我，说我是什么身价最高的经济学家，其实这是很扯的一件事情，身价高，跟是不是一个好的经济学家，一点儿关系都没有，没有任何意义，只能说明我是一个暴得虚名的人，这个数字对我来讲是个挺耻辱的事情。为什么会有这个数据呢？只是因为我真的没有时间参加那么多活动而已，然后很多人吃了鸡蛋以后想要看看鸡长什么样。那怎么办呢？价格是最好的门槛嘛，仅仅是因为这个，并不是因为我在经济学界有多大的成就，我几乎没有什么成就。我无非在我的那个小的领域中，在企业史和公司案例研究中，我是一个比较勤勉的人，仅此而已——而且还是一个不断犯错误的人。但无非你们看我的书中，只要是跟当代有关的部分，大概一半以上是我用自己的脚跑出来的，是我用自己的眼睛看出来的，这个可能是我跟其他学者，其他书斋学者最大最大的一个区别。

我最近在写2008年到2018年的中国企业史，除了在过去的十年里，我写过很多的专栏，见过很多很多的人，我也去调过去十年别人写过的很多的文字。

第三，我经常干的一件事情就是，我把我认为比较重要的企业家，从头再跑一遍，这个是我该干的事。上个月我去见了张瑞敏、柳传志、雷军、董明珠、周鸿祎——周鸿祎见到我都不太开心，但是这个没办法，我得把"3Q大战"的另外一部分事情给他讲清楚——我就希望说我这本书写下来以后，第一，孤证不立；第二，我希望它是个信史。我跟别的学者相比，可能差别就在这个地方而已。

进入20世纪90年代以后，在很长时间里面，国家财富的累积，跟知识是没有关系的。财富跟什么有关系呢？跟勇气有关系、跟毅力有关系、跟运气有关系。在很长时间里面，整个80年代、90年代，甚至到10年前，整个社会上，你看到的那些赚钱的人，他们是不相信阅读这件事情的。为什么呢？因为他们确实没有从中得到过任何对他们的财富增长和企业发展有意义的东西。

有一本书，不知道各位读过没有，叫作《蓝海战略》，是两个人写的，领衔的是一位韩裔的MIT的经济学家。他讲的是，在企业竞争中，绝大多数市场都是红海，因为里面有很多鲨鱼，鲨鱼之间互相咬，海面就变成一片血红色的海，那么他就说，我能不能发明一个理论叫作蓝海战略，让你进入到一片蔚蓝的海洋里面，你是独一无二的那条鲨鱼，至少在某个时间段你是条独一无二的鲨鱼。那本书在10年前应该是50万册级别的畅销书。有一年，作者到上海来，出版社就让我去跟他做一个对谈，同时跟我一起对谈的是一个中国的企业家，一个非常大的企业的企业家，曾经当过中国前三位富豪的企业家。他来参加这个活动之前并没有读过这本书。在来的路上，他的秘书拿给他这本书，从办公室到会场的路上大概不到一个小时，他就翻完这本书。见到教授，他第一句话就是：我觉得蓝海战略是错的。然后就开始谈自己的东西。下来之后我就问他花了多久来读这本书，他说他很厉害，只是来的路上秘书给了他这本书，他一个小时翻完了，就发现这本书全部都是错的。——（阅读）对他们没有意义。

他们更相信的是许多经验的东西。他们读商学院、读北大、读长江、读中欧，是为了交朋友、喝个酒。企业家很孤独，企业家是最孤独的动物。为什么呢？你做了企业家就知道了，你看到的每一个人，都觉得他要赚你的钱。有的是你的部下，你是给他发工资的；有的是你的供货商，上游、下游、官员，他很难找到一个讲悄悄话的朋友。他甚至见一个中学同学，都会想，你为什么要跟我在一起。所以他必须要到一个叫"商学院"的地方，读MBA，这帮人混在一起，互相讲悄悄话。这就是很长时间里面，书籍在我们这儿的命运。

我所在的行业叫作财经界，财经界更是如此。我曾经跟一些朋友算过他们的年龄，我对他们说，你读本科读管理学、经济学，本科毕业读研究生，研究生毕业读博士生，北大、清华、浙大、交大、郑州大学……博士毕业跑出门口的时候，你会看到什么东西？你会看到过去的7年里房价涨了三倍。你就非常焦急，很快就要30岁了，花三四年时间，在你的行业中，奠定一些地位以后，剩下来的事情就是，你花5到10年时间，把你在读本科、硕士到博士所有的时间，进行一次兑现。当你兑现完成以后，当你在北上广深终于买了一套200平方米的房子以后，基本就没活力了。所以这也是为什么中国这一代年轻学者在过去十几年来，至少在财经界，很少有人能够用10年、20年的努力，做出一个成果的重要原因。

现在的年轻人是有机会的，因为有一部分人，不是说所有的人，我估计在座可能有四分之一的人，他们是一些中产阶级、高净值家庭的子女，可以由着自己的爱好去学习。更关键的是，在过去这些年里，理性已经慢慢替代了勇气，知识替代了直觉。所以在过去这些年来，慢慢地这个社会中产阶级不断崛起以后，消费者不断地理性化以后，知识本身变成了真正能够跟我们的成长有关的一部分。我在大学商学院教EMBA教了十几年，我明显能够感觉到这一点。这就是五年多的事情。在五六年前，你去面对这些企业家的时候，大量的都是直觉主义者、经验主义者，但是到今天，这些人大概已经不到商学院的会堂里去了。来到课堂里的那些70后、80后、90后的同学，开始慢慢相信书籍。所以我觉得阅读本身，对我们的价值，确实是随着这个时代不断变化而带来的。所以我希望能够让更多的城市越来越多地像今天这样，我们年轻的朋友们在一起，有时间读一点儿好书。

别在假阅读中浪费生命

余秋雨

文化学者、作家，曾任上海戏剧学院校长。作品畅销全球华人圈，具有广泛影响。著有《文化苦旅》《行者无疆》《借我一生》等。

"不，不，不，不要再有贱民，不要再有奴隶，不要再有苦工囚犯，不要再有罪人！我要人类的每一种特质都成为文明的象征和进步的象征；我要自由的精神，平等的观念，博爱的心灵。不！不要再有枷锁！人生下来不是为了拖着锁链，而是为了展开双翼。不要再有爬行的人类。我要幼虫化成蝴蝶；我要蚯蚓变成花朵，而且飞舞起来。我要……"他停下来。他的眼睛闪耀着光辉。

——［法］维克多·雨果《九三年·第七卷 封建和革命》

有一次到新疆去，有一个和我同岁的写散文的人叫周涛，我其实一开始不认识他，他在机场等我的时候就说，秋雨，我有一个感觉，你喜欢雨果。我马上说，《九三年》。我们两个就抱在一起，从此成为最好的朋友。

——余秋雨

今天有一点儿特殊的含义，我有一个人生计划：十年前决定不接受一切采访，五年前决定不上电视。下次如果看到余秋雨先生在哪一个场合演讲，那基本上是假的。所以对我来说，今天在座的人是非常重要的朋友。

既然最后做一次演讲，我要给大家做一个报告，我大体上把我写书的任务也完成得差不多了。大家说，你不做院长，你不开会，你不上电视，你不接受采访，你在干什么呢？很简单，写书，写很多书。

主要是这几方面：第一方面就是空间意义上的中国文化，第二方面是时间意义上的中国文化，第三方面是人格意义上的中国文化，第四方面是审美意义上的中国文化。这四个方面，空间意义上的中国文化我想大家都看到过，譬如我写的《文化苦旅》《山河之书》；时间意义上的中国文化，就是《中国文脉》《北大授课：中华文化四十七讲》；人格意义上的中国文化，就是我写的《君子之道》，审美意义上的中国文化就是《极端之美》。

为了写这些文化，我到世界各地去对比性地考察，所以我又写了《千年一叹》《行者无疆》，不仅仅是为了写这四个方面，全世界都走遍了，一遍一遍走，和中国文化做对比。我大体上对中国文化的几十年研究算有一个了结了。这还不算，我当时在大学时候写的有关中国文化的学术著作还是很多，作为一个读书人，作为一个写书人，使命大体上完成，一个人不可能做很多很多事情，我自己这样做得差不多了，我就是完成这样完整的任务，我也就算给读者一个交代了。

我现在的感觉是，读书和品质生活非常关键。什么是阅读？按照一个美国人的定义：眼球盯着连贯的文句，可以用逻辑把它接受，这个叫阅读。如果以这个为标准的话，每个看手机的人都在阅读。现在的问题是全民阅读，按照一般意义上的阅读已经做到，但最关键的是要有品质地阅读，这点非常重要。怎么做到有品质地阅读，怎么能够让每个人在阅读的时代成为一个好的阅读者？这点难度就很大。

前不久，我在北方书博会里面讲到，当阅读通过手机成为滔滔洪水把所有年轻人都裹卷，我们出版人、写书人，包括优秀的读书人，要在这个洪水当中修筑一个小岛、小木屋，能够让我们的灵魂有安息之处，你不断地大量读各种信息的时候，有的时候是朋友的信息，有的是朋友发过来的，其实也是阅读材料，你读了其实等于没有读。**表面上你占有了信息，实际上是信息占有了你，你再也抓不住自己的生命。**

我曾经多次讲过这么一件事情，有一次我为了对照中华文化，出去和凤凰卫视一起在世界各地考察。凤凰卫视一个老总很感动，说我年纪不小了，那么有名的文化人，居然半年半年在外面，所以他来陪陪我，要开车把我送到北极，17个小时从芬兰赫尔辛基，一直到北极，两个人待在一起17个小时有点儿困难，讲什么话呢？

我说有办法，我离开我的世界已经整整半年，让他给我讲一讲这半年里面世界发生了什么，中国发生了什么。这位先生说，这没问题，他搞信息的，他搞传媒的当然很容易跟我讲，先讲世界，再讲中国，17个小时差不多了，可以讲完了。

但是没想到，他讲的时候，我看他皱着眉头有点儿痛苦，过了一会儿他用10分钟就把世界在半年发生的一切讲完了。我很奇怪，我离开文明世界已经半年，在那些艰苦的地方，一些恐怖主义的地区，电视也没有，报纸也没有，半年时间只给我讲了10分钟。讲中国可以多一点儿，中国的事他只讲了5分钟。他说，余先生，真的讲完了，后来他讲了一句非常重要的话：现在的信息当它发生过后，第二天连再讲一遍的兴趣也没有了。

大家想想我们是不是这样，每天生命耗费在这些信息上，第二天再讲一遍的兴趣也没有了？吃饭的时候讲几句发生了什么，感到你消息很灵通，但是第二第三天就没有了，没有了的不仅仅是信息，没有了的还是你的生命。所以在这个情况下，现在要有品质地生活，一定要在滥读的过程当中抢回属于自己生命的时间。

我们要有一个估算，每天阅读的东西到底有多少是有价值的？朋友间的传闻，或者遥不可及的事情，还有一个谁也不知道的人讲了几句有趣的话，或者做了一件奇奇怪怪的事情。这样的事情弄到人人都知道，大家在干吗呢？

所以在这种情况下，我们有没有可能从信息的海啸里面出来，让阅读能够和我们的品质生活有关？

我给大家几个建议：

第一，必须要有一些必要的书籍储存。人类发展到现在这么多年，我们共同积累了很多知识，如果你有一些东西不知道的话，起步上就有问题了，缺少一些共同沟通的语言了，我们现在遇到很多人很难谈得下去，就是因为基座不够，他讲的是单位的事情，家里的事情，讲文化也是刚刚听过来一些传闻，或者刚刚看到的电视剧。他的基座不够，他对文化的理解和文化的本体就有了距离。

所以我非常希望这个基座一定要比较稳固地被我们读书人所把握，特别是被今天的中国读书人所把握。你就花一年，下一个决心把这一年读完，这多好！现在有人去帮大家出点子，说这些书是必须看的，这样的话也防止大家盲目地乱找了。读每一个有文化的人必须知道的书，这是非常重要的一点。

大家问世界那么大，科目那么多，书该怎么选？我认为首先是自己的母语书籍。即使到国外生活，如果对中国母语文化的一些最基本的东西不了解的话，那也会被国外的学者看不起，这是毫无疑问的。能够有品质地生活，首先需要有品质的人格，这个非常关键。

下面非常简单讲一讲，我们在中华文化里面有哪一些书要花费半年到一年的时间，我讲的是普通人，不是学者，也不是我的研究生，甚至于也不是文科学生。首先，希望大家能够读四到五首《诗经》，中国古代最早的诗歌，连孔子、孟子走在路上的时候，他们嘴巴里面念的也是诗经。多看一点儿也可以，四五首不仅要看，而且大体上要朗读一遍。

《诗经》之后，要了解一下春秋战国时期几个大人物——孔子，孔子的《论语》量还不小，我建议大家找五六篇比较熟悉地读一下，数量都不大，我在我的书目里面，把最重要几个篇目列了一下，那个量就很小。

除了孔子之外有一个重要人物叫老子，老子他写的《道德经》5000字上下，对照注释本，老子的注释本很多，已经去世的任继愈先生翻译得很好，任老的版本已经出过好几本。

老子下面的孟子和庄子需要注意的是，孟子有一些话是现在的口头俗话，不必像读孔子读那么多，孟子读三四篇就可以了，庄子里面是一些寓言，读四五篇，像《逍遥游》这些，这些量其实都是不大的。

中国古代黄河流域的思想水准特别高，但是最高的文学水准在长江边上，那便是屈原，他的《离骚》是最有魅力的，大家要对着译本读两遍，如果不看翻译本读起来很困难，我很不好意思说一句，比较适合大家读的翻译本是我翻译的，第一准确，因为我是搞学问的，其次是按照散文、美文的方式用诗话的方式来写的，所以比较好看。

在屈原之后，我们要注意这几个人的文章，一是司马迁，因为他影响了中国几千年的世界观、荣辱观，司马迁《史记》

影响我们20世纪的走向，整个中国历史教科书总编纂应该是司马迁，尽管他只是编了一部，后面都是根据他的格式来的，这是决定中国文化一个价值系统的重要人物，所以《史记》里面的文章尽量读十篇左右。

司马迁以后有两个人的诗我希望大家注意，一个大文学家曹操，曹操非常辛苦地想做一流的军事家和政治家，但是他一点儿不辛苦地成了一流文学家，中国哪一部文学史上如果没有曹操，便不可称为文学史，中国人口头用的很多成语都是曹操所创造的，我们日常不断讲的很多词汇居然是曹操口中说出来的。比如"对酒当歌，人生几何"等等。

还有一个当时不受重视，但是后来又被重视的人，叫作陶渊明，陶渊明有《归去来兮辞》《桃花源记》和《五柳先生传》，这是一个当时很寂寞，历史上却很重要的人物。

接下来我们要过渡到伟大的唐代，这里面的魏晋南北朝很重要，但是那时的文章大家读起来太苦了，而且也不是很常用的，读还是读唐代。唐代最好的是诗歌，第一是李白，第二是杜甫，第三是王维，第四是白居易，这四个人在历史上、在当代，大家都喜欢。一个中国人如果在美国或者南美洲遇到一个华人，想测试他是不是在文化上是华人，先是讲中国话，讲了之后还不错，下面就要背几句唐诗了，唐诗是考验一个人是不是中国人的标志。唐诗到底要读多少？50首可以熟读，20首要背。之后是李商隐和杜牧，前面这四个大家记住，李白、杜甫、王维、白居易，文学史上大家会喜欢把白居易放在王维前面。

唐诗以后有一个非常奇怪的人物，这个人在军事上和治国是一个失败的政治人物，但是在文学上很重要，叫作李煜。宋代记住三个人，苏东坡、辛弃疾和李清照，这三个人词写得最好。宋代还有一个非常重要的诗人，陆游。我对苏东坡的喜爱是无与伦比的，中国历史上有好多让我尊敬的人，让我感动的人，让我觉得可爱的人不多，让我亲切的人不多，苏东坡是一个，我很佩服司马迁，但是司马迁不会让我感到亲切。李白很了不起，和他做朋友很困难，身上挎一个宝剑，不断告诉你我杀过一个人。苏东坡就是一个非常可爱的人。

到了明清两代，一般认为主要都是小说，都说四部名著，四部名著是不能并列的，《红楼梦》比其他几部小说在文学水准、美学水准、哲学水准上要高得多。

如果我时间多一点儿，这个不够呢？在所有的"子"里面有两个"子"，大家可以稍稍看一看，一个是写兵法的孙子，一个是墨子，唐宋八大家多了一点儿，我希望大家看一看韩愈和柳宗元，唐代的两个散文家，这两个散文家挺好的，我比较喜欢柳宗元，韩愈讲的道理有点儿空，柳宗元写得更有人生的魅力，再有一点儿时间，我想搞清楚一些中国哲学，看看朱熹和王阳明。

以上讲是文学，如果对中国的文化要更多地了解，我非常希望还必须了解一点儿艺术，了解艺术是品质生活的前提，必须要懂得敦煌石窟、云冈石窟、龙门石窟和麦积山石窟，买画册或者旅游去一下，中国雕塑是非常了不起的，雕塑要非常投入地看一看。书法方面，除了石鼓文之外，要有几个帖要知道，《兰亭序》，颜真卿的行书还有《寒食诗帖》，再加上欧阳询的《九成宫醴泉铭》，了解几种书法的基本情况，再稍微了解一下石涛的绘画。如果大家对戏剧感兴趣的话，我几十年前是戏剧专业的，稍微读一点儿关汉卿、王实甫他们的剧本，不读也不要紧，这些读起来有点儿难，也有点儿深，看一些他们戏的演出就可以了。

这样就构成对中国文化基本的了解，这是起点，不仅仅你们，你们的孩子也要懂，不管他的兴趣如何，都应该懂一些。大家就要问，我们生活在现代，国外的呢？国外东西完全不用知道吗？国外的我有一个建议，大家先不要掉到它的哲学和理论当中去，因为一上来如果看古希腊（古希腊哲学很发达），看亚里士多德就会很深奥，对于一般人就很困难，要了解外国的文化，最简单的方式是从艺术品开始，不是从它的书开始。

艺术品的起点除了极少数希腊雕塑之外，马上就进入文艺复兴时代这几个艺术家的作品，达·芬奇、米开朗琪罗、拉斐尔，再下去有伦勃朗的绘画和罗丹的雕塑。如果去欧洲不看这些人的作品，真的会非常遗憾。

再来一点儿音乐，贝多芬、巴赫、莫扎特、肖邦，这些人的音乐应有所了解，不用太多。等这些东西都了解以后，再根据自己的兴趣去寻找你真正投入的东西。

我有一个遗憾，就是和朋友们一起出去的时候，看到艺术文学的东西，朋友们往往比较漠然，或者我讲到了一些非常重要的作品、非常重要的一些作家，他们不知道。我认为这个"不知道"会严重影响一个人的生活品质，理由很简单，不是为了显摆，而是我的生命和人类历史上最高贵的生命是有关的。

我们的身体会吃饭、睡觉，会用一些仪器，这个生命很重要，更重要的是这个生命积累了一些美丽和高贵的遗产，这些遗产居然被后面的生命能够接受，这是人类高贵之处。我刚才花了比较多的时间讲中国，因为中文是我们的母语，所以我们对这些东西都要了解。

我讲了半天的这份清单，一年时间就可以全部掌握，是不是成为专家是另外一回事，我不希望大家都成为专家，只希望大家投入欣赏。文化程度中等的人一年时间就够了，如果文化程度比较高，一年都不要，几个月就可以掌握。这些是可以受用终身的。

我在中央电视台讲过，爱因斯坦是20世纪最伟大的物理学家，他年老的时候有记者问他，爱因斯坦先生，你已经很老，死亡对你意味着什么？爱因斯坦回答：死亡对我意味着我再也不能听到莫扎特。他讲的并不是广义相对论、狭义相对论，他讲的是一个艺术命题——莫扎特。这就是一个人的程度。

我们如果要确定自己是谁的话，文化艺术非常重要。大家可能会惊讶，说我这个人写了那么多书，做了那么多事，为什么还身体那么好，那么开心呢？是和这些文学艺术直接有关的。在任何时候想起诗，会想起中国唐代的一幅画，那么感觉就完全不一样，时间和空间紧紧连到一起，最后在大美和大善这个问题上连接在一起，你觉得一个小小的生命，是这大美大善洪流当中的组成部分，你觉得很幸福，觉得非常幸福。这个时候其他东西，担忧的事情，非常难过的事情，让人疯狂的事情，都会被排除掉。普通的东西不重要，朋友的安慰不解决问题，因为你没有主干，主干的东西就是最好的文学艺术，最好的那些诗，除了主干的东西，什么都可以排除掉。

不要在信息里浪费时间，更多地读一些被时间和空间证明它高贵和美的东西，让它们和你的生命连在一起。请记住，只要你接触的东西是高贵的、美丽的，你也一定很快高贵美丽，生命有一个秘密叫传染性。所以要为自己制造一个很好的气场，这就是品质生活一个非常重要的点，所以阅读和品质生活就连在一起了。

讲了那么多必读的书之后，我还要强调一点，在阅读过程当中要找到自己。找到自己什么意思呢？一个欧洲的心理学家讲，人有好多特殊的心理结构，你的心理结构和你家人的心理结构是完全两回事，心理结构也是不能遗传的，很奇怪。

举一个例子，同样是法国小说，有的人特别喜欢雨果，有的人特别喜欢巴尔扎克，完全不一样，可能你家人最亲爱的朋友，正好和你喜欢的不一样，就表示你们两个人感情很深，但是心理结构不一样，阅读的心理结构不一样，一点儿不影响你的友情，不一样才好，所以你在找书的时候，其实在寻找你的心理结构。为什么会喜欢这本书，不喜欢那本书呢？为什么他和我喜欢的不一样？理由是你们的心理结构不一样。你们在寻找同构关系，你在茫茫大海当中要寻找你的一个风帆，你在茫茫人海当中寻找那个高贵的自己。

我大学的时候特别喜欢雨果，雨果的每一本书我都读过，这对我提高很大。我为什么会喜欢他？因为我的心理结构和雨果是靠近的，他已经去世那么多年，却一直很伟大。我就顺着这个心理结构的绳索慢慢往上爬，慢慢靠近他，这样的话我就被提升了，我不能去抓着一个不属于自己的东西往上爬，有的书了解一下就可以了，要让自己生命往上爬是不可能的，因为这个绳索不属于我，这个属于别人，我们都在寻找过程当中找到了自己。

希望大家记住：找书其实是找自己，找一个比今天的你更出色的自己。千万不要以为我已经完成了，不，就在同样心理结构当中，可以完成很灿烂的生命，只不过这个灿烂程度你没找到，这太可惜了，就差一点点，你会非常精彩，差两点就会更精彩，你为什么不去找它？所以凡是找到伟大作家当中有几个你很喜欢的话，千万不要放弃，你要认真地抓住，认真地阅读。

我再举几个小例子，有一次到新疆去，有一个和我同岁的写散文的人叫周涛，我其实一开始不认识他，他在机场等我的时候就说，秋雨，我有一个感觉，你喜欢雨果。我马上说，《九三年》。我们两个就抱在一起，从此成为最好的朋友。完全素昧平生的人，他从我的文章当中知道我喜欢雨果，而且我可以断定他也喜欢《九三年》，抱在一起就成为很好的朋友。几句话，只不过是一个法国的去世了很久的老作家而已，就这么一讲，我和周涛的生命结构、心理结构有靠近，在那里就找到了自己的一部分。

所以当找到一本非常好的书，看不下去的时候，可以不看，看到喜欢的书，成为谁的粉丝，不要害怕人家笑，你可以着迷下去。而最好的书，大家都说非常好的书，看不下去，就不看，不是因为你不行，是强扭的瓜不甜，如果不喜欢这个大作家，硬看，不仅对不起自己，也对不起这个大作家。所以在这种情况下，除了我刚才讲的所必须的，在一年里面可以读完的东西之外，其他文章绝大多数都要根据你自己的心理结构来选择。

如果觉得完全不太看得下去的书，不要紧，放下不看，说不定过了一阵，喜欢也有可能，说不定过了一阵不喜欢也有可能。我后来感觉随着自己的成长，我不太喜欢雨果了，不太喜欢的原因并不知道。雨果曾经让我喜欢过，我很感谢他，但是随着我对中国文化的深入，随着我自己年龄增长，我就不喜欢他的异论，不喜欢他过于夸张的描述，我是摆脱他，更好找到了自己，我更喜欢其他的作家，这里面很难推荐。

所以我刚才讲的那个书目，是我向所有的人推荐的，接下来完全根据你自己来，是因为你的心理结构在那里。只要记住一句话，在过去出书很艰难的时代，这个人写的书能够成名，能够成为大家推荐的读物的话，他的生命和他的作品一定比我们更高，更伟大，所以你能够喜欢，你的生命就完成了一个飞跃，这一点非常重要。

我反复跟年轻人讲这样的意思，要记住，有一个比你今天的生命更精彩的自己，有待于走过去。怎么走过去呢？找书。可能五个法国作家再加三个美国作家，可能更靠近你，那你就加，加到最后你觉得有点儿超越他们了，那你就更精彩，不是写作水平，是心理建构，所以阅读是品质生活非常重要的一点。

讲到这里，最后需要说的是，你读的最必要的书不多，后来的书是根据你的心理结构选择的，所以整体说来，你读的书不会太多。和大家讲的不一样，一个人其实阅读量不用太多，不盲目看很多书的人才是聪明人，才是优秀的读书人。

精彩的书和你的心连在一起，在特定的场合会背一些诗文，不背也可以，书就在你心目当中，不要装着非常非常爱书，装出来的样子，其实我反而觉得，你可能和书的缘分还浅了，你需要"显摆"。

所以在读书的问题上要为文化做减法，是我这些年不断在提倡的，只有减才有选择，只有选择才有思考的可能。就靠我们自己，让我们的学问有身材，让我们的学问有韵律，让我们所读的书不要生来就读，开卷有益，不对的，一定要根据自己生命程度和结构程度来读。读到一定程度，我可以非常高兴地说，我喜欢的书已经读完了，我以后读得比较少了，我可以多思考，我可以多写作了。

美国作家辛格讲，一个人总有一段时间是想的写的比读的更多。我当时年轻，读这篇文章的时候觉得很奇怪，一个人不应该一辈子读书吗？后来随着我自己年纪大了以后才明白，只要你年轻的时候打了基础，到后来你确实是看得更多，想得更多，看是看风景，看是看社会，而不是看书了，书反而读得不多了，身边的一些消息，信息的来源不要骚扰我们的眼睛，我们的生命比这些信息更珍贵。

我很欣赏钱锺书先生和他的太太杨绛他们家里面不放书，只是借书看看，家里没有太多的藏书。我相信读到一定时候，不要以书作为展览，不要以书作为自己的摆设，不要这么来，要认认真真把书记在自己的心底，化作自己的生命，这就需要有一些必要的储备。

我们要通过阅读来挽救自己，让阅读变成比较严谨的一件事情，不要在假阅读和烂阅读当中浪费生命，我们要找到最好的书目，每个人都要读，在这个书目之外更需要发挥自己的爱好来寻找，找到我们生命通向伟大的缆绳。

记住，和你有关的缆绳没有几条，不要以为每一本好书都是你生命的缆绳，不是，生命的缆绳需要在图书馆的书库里面认真地寻找，寻找寻找，你总会抓住一条两条，慢慢往上爬就有可能走向伟大。

同时记住，阅读很重要，但阅读的结果不是整天地展示，整天地显现，如果这样，就不是一个真正的好的读书人，这也不是好的品质。

静悄悄地存在变革，
从读书开始

钱理群

1939年生，北京大学中文系教授、博士生导师。主要研究方向为中国现代文学和20世纪中国知识分子精神史。著有《中国现代文学三十年》（合著）、《心灵的探寻》、《与鲁迅相遇》、《周作人传》、《周作人论》、《1948：天地玄黄》等。

学理科的，偏看看文学书，学文学的，偏看看科学书，看看别个在那里研究的，究竟是怎么一回事，这样子，对于别人，别事，可以有更深的了解。

——鲁迅《读书杂谈》

　　鲁迅提醒我们，要有更开阔的视野。大家要看清楚未来学术发展的前景。未来学术发展是要走向综合的，不仅是理、工、文的通，还有文、史、哲的通，现在讲"通识教育"强调的就是"通"。

——钱理群

我讲道过，要真正使得每个中国公民快乐、健康、有意义地活着，是需要制度保证的，这也是我们要进行经济、政治等领域的全面改革的原因。但这样的全面改革，普通人不容易参与。于是就有了一个问题：普通人怎么办？我们注意到这样一种现象：很多人对自己的生存状态感到不满，感到累、没意思的时候，又无力改变，就陷于焦躁、牢骚、怨愤之中。问题是，如何走出这样的困境？

　　我的建议是，**第一不要发牢骚，第二不要等待**，要自己行动起来，从改变自己，和改变周围的人的存在开始。这里要引用鲁迅的话：**"青年又何须寻那挂着金字招牌的导师呢？不如寻朋友，联合起来，同向着似乎可以生存的方向走。你们所多的是生力，遇见深林，可以辟成平地的，遇见旷野，可以栽种树木的，遇见沙漠，可以开掘井泉的。"**鲁迅号召青年人自己解救自己，自己联合起来，联合起来干什么呢？

　　我建议，就**联合起来，按我们的价值观、按我们的理想去健康、快乐、有意义地活着，创造一种新生活**：在这个追逐物质享乐的消费社会里，我们这一群人尝试着物质简单、精神丰富的生活方式；当许多人奉行极端利己主义，拒绝承担任何社会责任和社会道义的时候，我们这一群人，尝试着利己利他；

当许多人奉行将他人视为敌人，坚持丛林法则，进行残酷的你死我活的斗争的时候，我们这一群人，不把别人当敌人，而当成兄弟姐妹，大家一起合作；当这个社会充满谎言的时候，我们这一群人努力部分地生活在真实里；等等等等。别人我们管不了，但是我们自己可以管自己，或者我们这一群朋友可以互相理解，共同行动。我们并不正面地反抗另类意识形态、另类生活方式，而是采取一种"我不跟你玩，我自己玩"的方式，我们联合起来，自己去尝试过一种快乐的、健康的、有意义的生活，幸福地度日，合理地做人。这是可以做得到的。这就是存在变革，从改变自己和周围人的存在开始。这是每个人都可以做的，只要你愿意。但我强调"静悄悄"地做，不对抗，不张扬，低调说话，做事。别大声嚷嚷"哎呀，你们不合理呀"，不要让别人注意你，你就静悄悄地该做什么做什么，这样可以最大限度减少阻力，而且也的确没有什么可以大声张扬的地方。你不要摆出一副愤青的姿态。我们要相信一点：我们的追求，刚开始不被理解，很孤独；但我们追求的"快乐、健康、有意义地活着"，这是最符合人性的。就像我们刚才所说的，第一，人根本上是一个精神的动物；第二，人既是个人性的更是社会性的，不管今天人们如何热衷于物质的、个人的欲望的满足，但迟早是要回到人的精神性追求和社会性追求上来的，这就是人性的力量。我们可以对社会失望，但对于根本的人性，要充满信任和自信。你要相信，符合人性的事情总是会得到别人的理解。只要你成功了，就会有更多的人就跟着你一起做。这是一种人性的内在吸引力和竞争力。我们做得好，就会对周围产生影响，像滚雪球一样逐渐扩大。我记得我参加过北京最早的志愿者组织，当时没几个人参加，但现在发展得相当可观，几十万人。

除了要有对人性的信心之外，还要有"对青春的信心"。要相信青春的力量。**人到生命的青春时节，就会充满理想，充满对美好未来的向往，充满幻想，充满活力，这都是几乎出于本能的精神追求**。我们说，应试教育压抑了人的青春力量，却不可能根本摧毁，那潜在的青春精神的萌芽依然存在，等待浇灌、开发。教师的职责就是发现与培育，前提是要有信心。要满怀信心地去开掘学生内在的青春精神，以此作为改变学生生命存在的开始，并在这一过程中，使教师自己的生命也永葆青春。

我们再追问一句：这样的存在变革从哪里开始？我的建议是：从读书开始，从组织读书会开始。

我最早接触的，是福建的一群老师，在网上建立1+1读书俱乐部，每月集体读同一本书，在网上交流，讨论。住在同一个城市里的还可以定期聚会讨论，采取AA制，成本很低。那年我到福建去了，他们就在网上发布消息说钱理群教授来了，马上就有各县的人聚集到福州来听我讲，听完再一起讨论，他们就走了。这样一个简便易行的方式，就把志同道合的人都聚集起来，就改变了每个人的孤立无助的状态，在共同阅读过程中会形成某种共同理念，然后再考虑大家一起做什么事情，形成集体的力量。

这里又要追问一个问题：为什么从读书开始？读书的重要性到底在哪里？我想我有两个理由：

第一，快乐、健康、有意义地活着，关乎幸福观、价值观、人生观，关乎我们的信仰问题，这问题的解决不能凭空想，需要建立在深厚的知识和精神资源的基础上，这就需要读书。在我看来，某种程度上，全世界的文明历史就是各地区、各民族、各时代人，在不断寻找合理价值观和幸福观的过程。这样一些寻找过程中积累的经验全部集中在书本里，特别是经典著作里。所以我们**首先要读经典，广泛吸取人类文明精华，作为解决价值观、幸福观、人生观问题的基础**。

第二，读书本身就是一种最理想的生活方式，本身就是健康的生活方式，同时也非常快乐，极有意义。中国古话说"书中自有黄金屋，书中自有颜如玉"，这可能有假；但是"书中自有意义在"这句话无假，而且是人类文明积淀的那种意义。读书可以延伸我们的精神空间、生命空间。而且我常说，**只有在读书的时候，才最平等，每个人都可以读书，而且完全独立自主**：任何人，从孔夫子到普希金，你召之即来，挥之即去。你想见孔子，打开《论语》就见到了；你不想见，合上书他就走了，这多自由哇，以你为主，而且完全超越时空的界限。这何等快乐！何等幸福！此时不读，更待何时！

这是从普遍意义上说读书的价值与作用；从在座的诸位的角度说，大学是人生最好的读书的时光。我经常和大学生们讨论一个问题：你们自命为大学生，但是，你们知道大学是干什么的吗？你想过大学在你人生阶段中占据什么样的位置吗？我看很多人没想过，糊糊涂涂地当大学生，还自以为豪，我是大学生！我有两句话：

第一，大学不同于中学，它有相当的独立自主性。中学时期你是"未成年人"，你不独立，要听家长老师支配；到了大学，你就是公民了，你享受了公民权利，可以独立自主地支配自己的生活。第二，大学又不同于工作以后，你们的任务是准备为社会服务，不要求你直接为社会服务。你享有公民权，却不需要承担过多公民义务。有权利而少义务，这是何等快乐的事！你的任务就是最大限度地充实自己，而充实自己的最重要的手段，就是读书。从表面上看，大学生活是极其简单，甚至是有些单调的；但你只要读书，进入书籍的世界，就有了丰富的文明人生。而且一生中只有这四年（如果再读研究生就是七年或八年）：中小学你为应试而读书，那是机械的狭窄的被动的读书；大学毕业后你要成家立业，为人生奔波，没有时间，至少是没有集中时间系统读书。有些同学一上大学就忙着公关、搞关系、赚钱。我总忍不住要对他们说：钱以后能赚，书以后不一定会读。你公关、赚钱上的时间长得很，何必浪费大学时光做这些以后可以做的事。一定要记住一个常识：大学就是来读书的，不是来搞关系、赚钱的！

接着就有一个问题：怎么读书？这也是我要讲的下一个问题——关于读书的几点建议。

我还是先介绍鲁迅在《读书杂谈》(收入《而已集》)和《随便翻翻》(收入《且介亭杂文》)等文中提出的读书观,大概有四个要点。

第一,鲁迅劝告年轻人:"大可以看看本分以外的书,即课外的书,不要只将课内的书抱住","学理科的,偏看看文学书,学文学的,偏看看科学书。看看别个在那里研究的,究竟是怎么一回事,这样子,对于别人,别事,可以有更深的了解"。鲁迅说:"现在中国有一个大毛病,就是人们大概以为自己所学的一门是最好,最妙,最要紧的学问,而别人的都无用,都不足道的,弄这些不足道的东西的人,将来该当饿死。其实是,世界还没有如此简单,学问都各有用处,要定什么是头等还很难。"

鲁迅提醒我们,要有更开阔的视野。大家要看清楚未来学术发展的前景。未来学术发展是要走向综合的,不仅是理、工、文的通,还有文、史、哲的通,现在讲"通识教育"强调的就是"通"。还有,我们现在是知识社会,人的职业会不断变换。特别是中文系的学生,尤其如此。所以最重要的是你的学习能力。在工作中真正用到的东西,都是靠自学得来的。你的知识结构越合理,你就越能适应职业、知识不断更新的时代。现在一些学生的视野、能力被中学应试教育搞得非常狭窄,这是短视的,我们需要全面的、长远的发展眼光和知识储备。

第二,要为趣味而读书。鲁迅说,读书大体可以分为两种，一种是职业的读书，一种是兴趣的读书。应试教育的读书，基本是职业的读书，就业教育的读书也一样，都是出于功利目的的读书。鲁迅倡导的是"出于自愿，全不勉强，离开了利害关系"的"嗜好的读书"。他打了一个比方，就像打麻将一样，"天天打，夜夜打，连续的去打，有时被公安局捉去了，放出来之后还是打。诸君要知道真打牌的人的目的并不在赢钱，而在有趣。牌有怎样的有趣……它妙在一张一张的摸起来，永远变化无穷。我想，凡嗜好的读书，能够手不释卷的原因也就是这样。他在每一页每一页里，都得着深厚的兴趣。自然，也可以扩大精神，增加智识的，但这些倒都不计及，一计及，便等于意在赢钱的博徒了，这在博徒之中，也算是下品"。读书应该是非功利的，只求阅读中的趣味，快感。我们讲"快乐地活着"，读书就是最快乐的生活方式。应试教育的最大问题就是把最快乐的读书变成最不快乐的事情。同学们上了大学，就应该从这样的有明确功利目的的、让人痛苦不堪的读书中解放出来，为趣味自由读书！如果仍按中学生应试教育那一套去读书，就是作茧自缚了。

第三，鲁迅提倡一种"随便翻翻"的读书方式。读书可以正襟危坐地读，也可以随便翻翻地任意地读。随便翻翻也是一种"比较式"的读书。读各种不同意见的书，不只读主流的正史，还要读点儿异端的野史，这就有了比较，"比较是医治受骗的好方子"，才能更好地了解历史的原貌。只读一种意见的书，很容易被俘虏，拘于成见，失去独立思考的能力。

随便翻翻还有一层意思，就是陶渊明《五柳先生传》中说"好读书而不求甚解"。读书有两类。一类是原典，经典，要一字一句地认真读。这样的书并不多，如学文学，就要读《论语》《孟子》，老庄的书，这是中国文化的源头，还有唐诗，中国青春期时代的诗歌，还有《红楼梦》，鲁迅，还有《楚辞》，《史记》，苏东坡，等等，这些都是基本的经典，就要逐字逐句，尽可能读懂。其余的书，就不必如此认真，泛泛而读就可以了。毕竟人的精力有限。要把精读和泛读结合起来。泛读，就是知其大意，不求甚解。说不定反而得其神韵，不必过于拘泥。有的书初读不懂，只能囫囵吞枣，读多了，自会融会贯通。鲁迅还提倡一种读书方法："先行泛览"，读多了，你就会发现，有那么几个作家，特别有价值，又特别合你的口味，你非常喜欢，经过这样的筛选，你就会找到你最有神交的作家，"然后决择而入于自己所爱的较专的一门或几门"，一人或数人，然后大量地读，反复不断地读，甚至读一辈子。我的经验，这样的终生阅读的对象，最好是一个或数个大家，这是能够成为你的精神依靠的。我的学术研究的功底，以至生命的底子，就靠鲁迅。

　　第四，鲁迅提醒说，"倘只看书，便变成书厨"，自己的脑子被别人的"马"，践踏个遍，就没有自己了。补救的办法有二，一是读书要"自己思索"，把读书和思考结合起来；二是读完书还要"自己观察"，"用自己的眼睛去读世间这一部活书"，"和实社会接触，使所读的书活起来"。我因此曾经建议中学语文教师应该做到"读书，思考，写作，实践"的四结合，这也是青年的成长之路。

在这里，我还要建议诸位：第一步，联合起来，举办读书会。第二，在读书中共同思考，形成共识，把读书和实践结合起来，做一些改变自己和改变周围存在的好事。有一位教育家提了一个口号，我很赞成，"好人要联合起来做好事"，因为这个世界，坏人已经联合起来了。据我观察，读书与志愿者活动结合起来，是一个很好的选择。"做好事"也有两个方面：一是为社会服务，一是为自己寻找、创造更为合理的生活方式、生命存在方式。在这方面，许多志愿者组织做了新的尝试。比如在农村租一块地，一边读书，一边种有机农作物，过简朴的农耕生活。比如聚集起来做手工劳动，编织衣服，自制皮鞋、皮包等等，现在的电脑让我们的手越来越不灵活了，需要恢复手脑并用的人的本能、本分。比如建立农夫市集，促成农民与城市消费者的沟通。比如，不仅在农村寻根，更重新寻找城市的根，一些广州的青年就在调查地方戏曲、民间文化节日习俗和当地的方言，力图接上城市的地气，等等。这都是在城市里寻找与乡村、自然和自己内心的连接点。这样的运动，让我想起了"五四"时期的"新村运动"，那时的"五四青年"也是一群人聚集起来，读书，种地，思考，讨论，追求物质与精神的统一，脑力劳动和体力劳动的结合，城乡的结合，这是一脉相传的。我们应该把读书与生活结合起来，读书运动也是新的生活。

我也由此想起了中国传统的"书院教育"。直到20世纪30年代，梁漱溟先生还在做这样的试验：他先在北京什刹海，后来又在山东农村，租一套房子，和他的学生、年轻朋友住在一起，朝夕相处，讲学，读书，思考，讨论，同时游走于大自然中间。每日天将明未明之时，举行"朝会"，并且有这样的描述，"疏星残月，悠悬空际，山河大地，皆在静默"，大家默然反省着自己，"心不旁骛，讲话声音低微而沉着，能达人人心里的深"。梁漱溟有言，人活在世界上，就是要处理三大关系：人与自然的关系，人与人的关系，人与自己内心的关系。因此，最理想的读书方式与境界，应该是志同道合者聚集在大自然环境里，共同劳动，做饭，过简朴生活，一起读书，讨论。真正静下心来，既与大自然交流，又彼此交流，更逼向内心：读书不仅是交流，还要内省。这样，生命就真正沉潜下来：沉到历史的最深处，社会的最深处，大自然的最深处，思想的最深处，内心的最深处，生命的最深处。这样的沉潜读书，才是真正的读书。这样的读书，能达到人与自然、人与人之间的和谐，让心静默，这就自自然然地建立起了真正的心灵家园，精神家园。坦白地说，这是我多年的梦想，我的隐藏在内心深处的读书理想，教育理想，这其实是最理想的研究生教育，也可以部分地实现在大学生教育，以至中学生教育里。今天，我把它说出来了，是因为我觉得，看起来，这似乎是一个梦话，但并非完全不能做到。至少在假期，就可以做这样的短期试验：今天有这样的经济条件，社会环境也允许，更何况**志同道合者**

已经聚集起来，我们就不妨浪漫一点儿，真的做一回梦。我们不满现在的心理状态和生活状态，那就应该行动起来，去做新的尝试，按我们的理想去生活，在不健康中求健康，在不快乐中求快乐，在无意义中求意义，在不幸福中求幸福，在不合理中求合理，哪怕只有短短的一两个星期，一个月，仅仅是生命的一个瞬间，但很可能这一瞬间，会永远温暖你和你的朋友的心，会照亮你和朋友们的人生之路。就看你愿不愿意，还有你的能力能不能达到。

读书其实是
"很个人"的事

温儒敏

文学史家，文艺理论家，语文教育学家，山东大学人文社科一级教授、博士生导师，北京大学语文教育研究所所长，教育部聘中小学语文教科书总主编，教育部基础教育专家委员会成员。主要从事中国现当代文学、比较文学和语文教育的研究与教学。著有《新文学现实主义的流变》、《中国现代文学批评史》、《中国现代文学三十年》（合著）等。

我承认物质生活的享受总是人生的一种引诱。但是我们应当问的，在一个资源有限的匮乏经济中这种引诱会引起什么结果？在村子里，每一方田上都有着靠它生活的人。若是有一个人要扩张他的农田，势非把别人赶走不成。一人的物质享受必然是其他人生活的痛苦。路上的冻死骨未始不就是朱门酒肉臭的结果。人不向自然去争取享受，而在有限的供给中求一己的富裕，结果不免于人相争食。这并不是东方的特色，而是人类社会的基本原则。桑巴克曾说，在资本主义以前的社会通性是"从权力得到财富"。在中国历史上固然不缺乏刘邦、朱元璋之类的人物，但是每个人若都像项王一般，存着"取而代之"的心思，这个社会显然是难于安定了。没有机会的匮乏经济中是担当不起这一种英雄气概的。

——费孝通《中国社会变迁中的文化结症》

　　读书不能总是读自己喜欢的、浅易的、流行的读物，在低水平圈子里打转。有意识让自己读一些深一点儿的书，一些可能超越自己能力的经典。

——温儒敏

读书其实是个人的事情，要读什么书，怎么读，是根据自己的愿望、功用与兴趣去决定的。真正的爱书者，他们把读书作为像吃饭睡觉一样的生活方式。他们也有事功的阅读，但更乐于自由的阅读，或者说私密的阅读。金圣叹所言"雪夜围炉读禁书"，就是"私密阅读"特有的享受吧，那真是读书的妙境。周作人也说过，书房是不可示人的，因为一看你读些什么，就知道斤两了。这有点儿幽默，但读书的确是"很个人"甚至私密的事情。

　　不过对于学生来说，开个书单，推荐一些经典，有些引导，也有必要，只是不宜强制。**孩子也有他们的"私密"，应容许有阅读的自由**。中小学语文课会指定学生接触某些经典，然而往往事与愿违，凡是书单指定的，孩子不一定喜欢。经典与学生有隔膜，本来就不容易读，若又当作任务，有种种外加的"规定动作"，甚至处处指向考试，那就煞风景了。

　　既然"读书其实是个人的事"，即使指定阅读范围，也还是要给学生一些选择的空间，容许读一些"闲书"。初中语文统编教材干脆把"哈利·波特"系列纳入推荐书目了，结果效果挺好，等于承认了孩子们可以读"闲书"——以前很多老师家长可能认为这类书是不该给孩子读的。其实像"哈利·波特"这类书非常贴近孩子，想象力超强，不说教而又有益，国人未必写得出来。孩子在奇特的想象世界中遨游，愈加爱上阅读了，兴趣也就培养起来了，有什么不好？如果全都为了思想灌输或者考试升学，把读书的范围和方法都框死了，完全忽视孩子读书的自由，不容许有"私密"的阅读爱好，那就难于培养起读书的兴趣。

其实成年人也是这样，多数阅读都有明确的目的性，比如为了升职、炒股、理财、养生、交际、谋略，或者为了写文章发表，等等，这些阅读也许必要，但不见得能获取乐趣。人各有各的爱好，并非所有人都爱读书的。而真正的爱书人，不会随波逐流，不是哪些书走红就读哪些，他们选书总是有自己的喜好，有独立的眼光，阅读对他们是一种观望世界、涵养性情、安放灵魂的方式。

20世纪五六十年代政治运动接二连三，让人喘不过气来，私人的精神生活是被挤压的。即使那样，也还是有缝隙，有个人阅读的空间。关键是要从小就爱上读书，有这个习惯，无论多么困难，他们总能找到自己喜欢的书。这跟学校教育有关。**不指望学校能给学生什么读书的妙法，不压抑孩子读书的愿望就行**。我是1952年至1958年读的小学，语文老师学历普遍不高，上课各讲各的，较随意，没有什么任务群、探究式、PPT等花样，但都比较尽职，重视阅读。印象深的是一位黄老师，每周都有一两节课就是讲故事，读小说。这种奇特的教法激发了我们读书的兴趣。课余很多时间就是疯玩，大人不会怎么管。总有一部分孩子是特别爱书的，那可以打开面向世界的窗户，满足好奇心，很幸运我是其中一个。阅读本身就是我童年生活美好的部分，这过程就很美，而不只是为明天的稻粱谋做准备的。我肯定会读当时流行的读物。20世纪50年代的主旋律书籍主要是苏联的作品，还有革命英雄故事。像《卓娅和舒拉》《绞刑架下的报告》《牛虻》《拖拉机站站长和总农艺师》《我的一家》，等等，都读过了。我比较喜欢的是《三毛流浪记》，连环画，就这一本，不知道翻看过多少遍了。这种幼稚的阅读让我这个乡村小镇的孩子不断想象都市的生活，那些悲苦而又有趣的童年。而更认真读过的是萧三的《毛泽东同志的青少年时代》，薄薄的一本，很朴实的叙述，唤起我对毛主席的崇拜，佩服他的革命志向和毅力。我甚至还模仿青年毛泽东的风浴、雨浴，锻炼意志，硬是洗了五六年的冷水澡。《钢铁是怎样炼成的》则是高小时读的，其中保尔和冬妮娅的爱情故事让我感动。我很欣赏保尔的男子气概，以及崇高的使命感。他的那句"不要虚度年华碌碌无为"的名言，我至今能完整背诵，对我的成长有很大的影响。

除了读上面说的那些具有时代性的流行的书，私下里我读得最多的还是古典章回小说。我家和外祖父家都有一些藏书，民国时期出版的，有的还是淡黄的玉扣纸印制，竖排繁体半线装，如《三侠五义》《七侠五义》《小五义》《包龙图断案》《薛仁贵征东》《薛丁山征西》《隋唐演义》《说岳》《封神演义》等等——当然还有《西游记》。除了后者，这些小说多数思想艺术价值都不高，文学史家是不屑评论的，但民间流传广，故事性很强。我的办法是"连滚带爬"地读，似懂非懂地读，不求甚解地读。我很幸运小学时读了许多"闲书"，阅读面拓展了，自己的读书方法与习惯也逐渐形成了。这种自选动作的"私密阅读"，还极大地满足了我的好奇心与想象力。我的语文学习基础，主要是靠课外自由阅读奠定的。这些年我在一些文章中反复强调一个观点：从小学开始就要养成读书的习惯，语文才学得好，过了初中再觉悟，就晚了。

作业太多的确是个问题，所以现在要"双减"。不过可以设想，即使不布置作业，孩子就有时间读书吗？不见得。孩子嘛，精力无限，兴趣就是动力。**没有兴趣，做什么都是拖延症，有兴趣，就聚精会神，有的是时间。**现在的孩子面临激烈的竞争，压力大，但他们还是比父辈幸福多了。我不赞成"九斤老太"的说法。无论如何现在社会发展了，绝大多数孩子不存在温饱问题，而我们的童年和少年基本上是在饥饿中度过的。若要比较，那时物质匮乏，没有现在那么多机会和诱惑，比较单纯，读书也就有较多的时间和自由。时代不同，每一代都有每一代的苦恼。

我上初中是1958年，接连碰到"大跃进"和"人民公社化"，搞开门办学，参加劳动的时间比上课要多，当然影响学习。随后又是三年困难时期，吃不饱饭。但想着电影里列宁"面包会有的"那句话，在那饥饿的岁月里仍然读了不少书，读书甚至成了转移饥饿的一种办法。这实在也是无奈的。

大约上初中时，我开始对文学产生浓厚的兴趣，特别是诗歌，像普希金、莱蒙托夫、拜伦、雪莱、聂鲁达、惠特曼等等，都找来读。我还是艾青的粉丝，给自己起了个笔名"艾琳"。我自己也模仿着写诗，给《少年时代》《红领巾》等少儿杂志投稿。正是自由阅读充实了我的灵魂，伴随我挺过了艰难的饥饿年代。

　　高中我就离开小镇上的家，到县城上学了。那时高中生不多，上大学的更少，我参加高考的1964年，全国才几十万考生，录取率也非常低。但那时人们好像比较看得开，高考不像现在压力这么大，我们复习备考也不像现在这样大量刷题，老师是不太管的。我自然想考上大学，而且希望过黄河长江，离家越远越好，好男儿志在四方嘛。我的备考不是刷题（也找不到往年的考题），而是拓宽视野，读一些比较深的书。如王力的《古代汉语》、杨伯峻的《文言语法》，都过了一遍。人民文学出版社出的"古典文学读本丛书"，也选读了部分。那时中华书局不定期出版的"活页文选"，专门刊载古诗文的，薄薄的册子，几分钱一本，我几乎都读过。这些阅读的目的是为了高考，却又不限于应考，毫无疑问对于我读写能力的提升是大有裨益的。

　　因为读书有兴趣了，一天不读就不习惯，我高中时期的阅读面是比较广的。不光读文学，读《红岩》《青春之歌》《创业史》等革命小说，也读其他方面的书，如历史、哲学、政治经济学、科学史之类。

那时没有钱，买不起书，读书一般从图书馆借，或者就在书店站着读。好不容易得到一本书，就很珍惜，会抓紧时间读完。记得《青春之歌》出版时，学校没有钱买那么多书，就准备了两本，每隔几天撕下十几页，正反面贴在公告栏上，让学生围着读，像看连续剧似的。现在我藏书很多，可戏称"坐拥书城"了，反而失去了当年对于书的那种珍惜与敬畏。

高中时期，我对于书的确有种崇仰之心，还喜欢读一些自己不太懂的书，读外国的书，理论的书，甚至还读过康德，读过天文学。天文学对我影响大，改变了我的时空观，甚至还想过要考南京大学天文学系。也不太懂，但高中生的我就有意找来读。这是什么心理？是一种"喜欢读书"的象征吧，一种上进的力。

新编高中语文教材，我是主张安排几种"整本书阅读"的，就安排了读《红楼梦》与费孝通的《乡土中国》。我说现在碎片化的阅读太甚，就让高中生完整读几本深一点儿的名著，磨磨性子吧。前不久我给人文版《乡土中国》写了个导读，其中也就有这么一句话："读书不能总是读自己喜欢的、浅易的、流行的读物，在低水平圈子里打转。有意识让自己读一些深一点儿的书，一些可能超越自己能力的经典。"

语文要靠长期的读书积累，靠自己去"悟"。每个人学语文的方法也不尽相同，但多读多写，积累感悟，可能是共同的经验。我的幸运是碰到了几位比较好的中学语文老师，好在他们自己是喜欢读书的，是"读书种子"。这就给我熏陶，潜移默化。我至今记得去高中语文老师钟川家里，潮湿阴暗窄小的屋里全是书，书架上摆着托尔斯泰、陀思妥耶夫斯基、巴尔扎克等文豪的作品，一摞摞堆放在简易的书架上。这让我震撼。现在语文课为何那么难教？读书少嘛。老师也不怎么读书，那学生怎么可能爱读书，学好语文？

我在大二的时候，赶上"文革"。那时停课闹革命，有两年我到天安门历史博物馆参加"毛主席去安源"展览工作，闲来无事，杂览群书，古今中外文史财经抓到就读，漫羡而无所归心。那是非常时期非常难得的"私密阅读"的时光。有时借"大批判"的名义，反而接触了许多"禁书"，让我感觉到历史发展的复杂、人性的复杂和政治的复杂，变得成熟一些。

"文革"时期配合运动，组织整理了二十四史。又同步翻译了很多外国文学作品，叫白皮书、黄皮书，供"大批判"用的，封面上印着"内部发行"，县团级以上才可以看，但发行量大，想想办法也总能找到。我读过而且印象很深的有《多雪的冬天》《带星星的火车票》《州委书记》《麦田里的守望者》《解冻》《人·岁月·生活》《第三帝国的兴亡》，以及《论语》《左传》《史记》《世说新语》《红楼梦》《鲁迅全集》《毛泽东选集》《马克思恩格斯选集》等等。在那个压抑的非常时期读书，会激起许多思考，有时是随波逐流的，有时是叛逆的，私密的。这都无形中进行一种思维训练吧，虽然不是很自觉的。比如读《麦田里的守望者》，译本前言说是揭露资本主义社会青年生活的堕落，成为"垮掉的一代"，而我阅读时对书中这些青春期男孩的堕落、迷茫、上进，也能产生共鸣。前些年我曾编过一种小学教师阅读选本，就选了《麦田里的守望者》。老师应该了解青春期少年的苦恼，这本书美国几乎所有大学生都会读的。

整理自宋庄对温儒敏的采访

从跌跌撞撞的过往，

走向轰轰烈烈的明天

人生不是"竞赛"，与"知识/权力"带来的征服相比，人类有更重要的东西，而人类文明之所以源远流长，恰恰就在于关注这些更重要的东西。

读书移情，
立志是一刹那间的事

丘成桐

数学家，哈佛大学教授、清华大学教授，北京雁栖湖应用数学研究院院长。美国国家科学院院士、美国艺术与科学院院士、中国科学院外籍院士。曾获国际数学最高奖菲尔兹奖、克拉福德奖、沃尔夫数学奖、邵逸夫数学科学奖等奖项。著有《真与美：丘成桐的数学观》《我的几何人生》等。

浮生着甚苦奔忙，盛席华筵终散场。悲喜千般同幻泡，古今一梦尽荒唐。谩言红袖啼痕重，更有情痴抱恨长。字字看来皆是血，十年辛苦不寻常。

——曹雪芹《红楼梦·第一回 甄士隐梦幻识通灵 贾雨村风尘怀闺秀》

《红楼梦》能够扣人心弦，乃是因为描述出家族的腐败、社会的不平、青春的无奈，是个普罗众生的问题。好的数学也应当能接触到大自然中各种不同的现象，才能深入，才能传世。

——丘成桐

我年少时并不喜欢读书，在香港元朗的平原上嬉戏玩耍，也在沙田的山丘和海滨游戏，甚至逃学半年之久。真可谓徜徉于山水之间，放浪形骸之外。这期间，唯一的负担是父亲要求我读书练字，背诵古文诗词，读近代的文选，也读西方的作品。当时我喜爱的不是这些书，而是武侠小说，从梁羽生到金庸的作品都看了一遍。这些小说过于昂贵，只能借，得之不易。借到手后欣喜若狂。父亲认为这些作品文字不够雅驯，不许看，我只得躲在洗手间偷偷阅读。

　　除了武侠小说，还有《薛仁贵征东》《薛丁山征西》《七侠五义》和一些禁书，都是偷偷看。《水浒传》《三国演义》《红楼梦》是公开阅读，因为父亲认为值得看。他要求我看书的同时，还要将书中诗词记熟。这可不容易，虽然现在还记得一些，例如葬花词和诸葛亮祭周瑜的文章，但大部分还是忘了。

　　《三国演义》《水浒传》很快就引起我的兴趣，《红楼梦》仅看完前几回就没法继续看下去，直到父亲去世后，才将这本书仔细地读过一遍，也开始背诵其中的诗词。父亲早逝、家庭衰落，我与书中的情节共鸣，开始欣赏曹雪芹深入细致的文笔。

40多年来我有空就看这部伟大的著作，想象作者的胸怀和澎湃丰富的感情，也常想象在数学中如果创作同样的结构，是怎样伟大的事情。

　　我个人认为：感情的培养是做大学问最重要的一部分。对我影响比较大的有很多，其中清朝作家汪中在《汉上琴台之铭》中有一句："扶弦动曲，乃移我情。"汇集了宋代斫琴文献的明人抄本《琴苑要录》中有这样几句："伯牙学琴于成连，三年而成，至于精神寂寞，情之专一，未能得也。……伯牙心悲，延颈四望，但闻海水汩没，山林窅冥，群鸟悲号，仰天长叹曰：'先生将移我情。'"这一段话对我深有感触。**立志要做大学问，只不过是一刹那间事。往往感情澎湃，不能自已，就能够将学者带进新的境界。**

　　我也读西方的文学，例如歌德的《浮士德》，与《红楼梦》相比，一是天才的苦痛，一是凡人的苦痛。描写苦痛的极致，竟可以说得上是壮美的境界，足以移人性情。就这样，由于父亲的去世和阅读文学书籍，这大半年感情的波动，使我做学问的兴趣忽然变得极为浓厚，再无反顾。

　　40年来我研究学问，处世为人，屡败屡进，未曾气馁。这种坚持的力量，当可追溯到当日感情之突破。我一生从未放弃追寻至真至美的努力，可以用元稹的诗来描述："曾经沧海难为水，除却巫山不是云。"遇到困难时我会想起韩愈的文章："苟余行之不迷，虽颠沛其何伤。"我也喜欢用《左传》中的两句勉励自己："左轮朱殷，岂敢言病。"

在美国伯克利的第一年我跟随C.莫里教授学习偏微分方程，当时并不知道他是这个学科的创始者之一。从他那里我掌握了椭圆形微分方程的基本技巧。在研究院的第二年我才开始跟随导师陈省身先生学习复几何。毕业后在我的学生和朋友们的合作下，逐渐将几何分析发展成一个重要的学科，也解决了很多重要问题。

这是一种奇妙的经验，每个环节都要经过很多细致的推敲，然后才能将整个画面构造出来，正如曹雪芹写红楼一样。尼采说："一切文学，余爱以血书者。"曹雪芹说："字字看来皆是血，十年辛苦非寻常。"我们众多朋友创作的几何分析，也差不多花了十年才成功奠基。不敢说是"以血书成"，但每次的研究都很花费功夫，甚至废寝忘餐，失败再尝试，尝试再失败，最后才见到一幅美丽的图画。

简洁有力的定理使人喜悦，就如读《诗经》《论语》一样，言短而意深。有些定理孤芳自赏，有些定理却引起一连串的突破，使我们对数学有更深入的认识。当定理被证明后，我们会觉得整个奋斗的过程都是有意思的，正如智者垂竿，往往大鱼上钩后，又将之放生，钓鱼的目的就是享受与鱼比试的乐趣，并不在乎收获。

从数学的历史看，只有有深度的理论才能保存下来。千百年来定理层出不穷，真正名留后世的却凤毛麟角，因为新意实在不多，即使有新意但深度不够，也很难传世。

王国维评古诗十九首"昔为倡家女，今为荡子妇，荡子行不归，空床难独守"，以为其言淫鄙，但从美学观点却不失其真。数学创作也如写小说，不能远离实际。《红楼梦》能够扣人心弦，乃是因为描述出家族的腐败、社会的不平、青春的无奈，是个普罗众生的问题。好的数学也应当能接触到大自然中各种不同的现象，才能深入，才能传世。我做研究，有时也会玄思无际，下笔滔滔，过了几个月才知空谈无益，不如学也。这时总会想起张先的词："沉恨细思，不如桃杏，犹解嫁东风。"

1973年在斯坦福大学参加一个国际会议时，我对某个广义相对论的重要问题发生兴趣，它跟几何曲率和广义相对论质量的基本观念有关，我锲而不舍地思考，终于在1978年和学生舍恩一同解决了这个重要问题。也许这是受到王国维评词的影响，我认为数学家的工作不应该远离大自然的真和美。直到现在我还在考虑质量的问题，它有极为深入的几何意义。没有物理上的看法，很难想象单靠几何的架构就能获得深入结果。广义相对论中的质量与黑洞理论都有很美的几何意义。

西方文艺复兴的一个重要反思就是复古，重新接受希腊文化真与美不可割裂的观点。中国古代文学的美和感情是极为充沛的，先秦两汉的思想和科技与西方差可比拟。清代以降，美术、文学不发达，科学亦无从发展。读书则以考证为主，不逮先秦两汉唐宋作者的热情澎湃。若今人能够回复古人的境界，在科学上创新当非难事。

除了看《红楼梦》外，我也喜欢看《史记》《汉书》。这些历史书发人深省，启发我做学问的方向。历史的事实教导我们在重要的时刻如何做决断。做学问的道路往往五花八门，走什么方向却影响了学者的一生。

王国维说学问第一境界"昨夜西风凋碧树，独上高楼，望尽天涯路"。做好的工作，总要放弃一些次要的工作，如何登高望远，做出决断，大致基于学者的经验和与师友的交流。然而对我而言，历史的教训却很有帮助。

我刚毕业时，承蒙几何学家西蒙斯邀请到纽约石溪做助理教授。当时石溪聚集了一群年轻而极负声望的几何学家，我在那里学了不少东西。一年后又蒙奥沙文教授邀请我到斯坦福大学访问，接着斯坦福大学聘请了我。当时斯坦福大学基本上没有做几何学的教授，我需要做决定。

这时记起《史记》叙述汉高祖的事迹。刘邦去蜀，与项羽争霸，屡败屡战，犹驻军中原，无意返蜀，竟然成就了汉家400多年的天下。对我来说，度量几何的局面太小，而斯坦福大学能够提供的数学前景宏大得多，所以决定还是留在斯坦福做教授。

我少时受父亲鼓励，对求取知识有浓烈的兴趣，对大自然的现象和规律都很好奇，想去了解，也希望能够做一些有价值的工作，传诸后世。我很喜爱两则古文。孔子的："君子疾没世而名不称焉。"曹丕《典论·论文》中："盖文章，经国之大业，不朽之盛事。……是以古之作者，寄身于翰墨，见意于篇籍，不假良史之辞，不托飞驰之势，而声名自传于后。"

立志当然是一个好的开始，如何做好学问却是一个重要的问题，我有幸得到好的数学老师指导。当我学习平面几何时，我才知道数学的美，也诧异于公理逻辑的威力。

因为对几何的兴趣，我做习题都很成功，也从解题的过程中产生了浓厚的好奇心。我开始寻找新的题目，去探讨自己能够想象的平面几何现象。每天早上坐火车上学时我也花时间去想，这种练习对我以后的研究有很大的帮助。

屈原说："纷吾既有此内美兮，又重之以修能。"文章的格调和对学术的影响力与"内美"有关，可以从诗词、礼、乐、古文、大自然中培养吸收。**修能却需要浸淫于书本，从听课和师友交流中，发现最合适的研究方向，勇往直前。**

有理想的方向后，还需要寻找好的问题。西方哲人亚里士多德在《形而上学》中说："**人类开始思考直接触目不可思议的东西而或惊异。……而抱着疑惑，所以由惊异进于疑惑，始发现问题。**"惊异有点儿像惊艳，一方面需要多阅历，一方面需要感情充沛才能产生。

空间曲率的概念对我具有极大的吸引力，通过爱因斯坦方程，它描述物质的分布，这个方程的简洁和美丽使我诧异。当时我刚结婚，正在享受人生美好的时刻，欣赏这个刚完成的定理的真实和美丽，有如自身融入大自然。

斯坦福的校园很漂亮，黄昏时在大教堂的广场，在长长的回廊上散步。看着落日熔金、青草连天的景色，心情特别舒畅。我早年的工作都在那里孕育而成。

做科研确实要付出代价，但快乐无穷。先父的心愿是："寻孔颜乐处，拓万古心胸。"**我只知自得其乐，找寻我心目中宇宙的奥秘**。这就是所谓"衣沾不足惜，但使愿无违"。

整理自成都日报记者孟蔚红的采访

我的科幻之路上的几本书

刘慈欣

祖籍河南，高级工程师，作家，亚洲第一位世界
科幻大奖"雨果奖"得主。长篇代表作《三体》三部
曲被普遍认为是中国科幻文学的里程碑之作，将中国
科幻推上了世界的高度。

他（望月者）的基因里无疑已具备演化为人类的希望。当他望着更新世这个残酷的世界时，眼神已经远非猿类可及。在他黝黑深邃的双眼里，透着一种逐渐苏醒的知觉——一种不经多代演化不足以具现、要灭绝则快得很的智能，在其中有了最初的闪烁。

——［英］阿瑟·克拉克《2001：太空漫游》

读这本书是在 20 世纪 80 年代初，这是我看到的第一本在不算长的篇幅中生动描写人类从诞生到消亡（或升华）的全过程的小说，科幻的魅力在其中得到了淋漓尽致的表现，那上帝式的视角给了我近于窒息的震撼。同时，《2001》让我看到了一种完全不同的文笔，同时具有哲学的抽象超脱和文学的细腻，用来描写宇宙中那些我们在感观和想象上都无法把握的巨大存在。

——刘慈欣

书籍对每个人的影响是方方面面的，但决定自己人生道路的那些书才是最重要的。作为一名科幻作者，我只想列出使自己走上科幻之路的那些书。

　　儒勒·凡尔纳的大机器小说。凡尔纳的科幻小说从描写对象来说分为两大类：一类是科学探险小说，另一类是描写大机器的小说。后者更具科幻内容，主要有《海底两万里》《机器岛》《从地球到月球》等。这类小说中所出现的大机器，均以18世纪和19世纪的蒸汽技术和初级电气技术为基础，粗陋而笨拙，是现代技术世界童年时代的象征，有一种童年清纯稚拙的美感。

　　在凡尔纳的时代，科学开始转化为技术，并开始全面影响社会生活的进程，这些大机器所表现的，是人类初见科技奇迹时的那种天真的惊喜，这种感觉正是科幻小说滋生和成长的土壤。直到今天，19世纪大机器的美感仍未消失，具体的表现就是科幻文学中近年来出现的蒸汽朋克题材。在这类科幻作品中展现的不是我们现代人想象的未来，而是过去（大多是18世纪末和19世纪上半叶）的人想象中的现在。在蒸汽朋克影视中，我们可以看到蒸汽驱动的大机器，像巡洋舰般外形粗陋的飞行器，到处是错综的铜管道和古色古香的仪表。蒸汽朋克是凡尔纳作品中的大机器时代在想象中的延续，它所展现的除了大机器的美，还有一种怀旧的温馨。

阿瑟·克拉克的《2001：太空漫游》则是另一种类型的科幻小说，同为技术型科幻，它与凡尔纳的大机器小说却处于这一类型的两端，后者描写从现实向前一步的技术，前者则描写在时间和空间上都趋于终极的空灵世界。读这本书是在20世纪80年代初，这是我看到的第一本在不算长的篇幅中生动描写人类从诞生到消亡（或升华）的全过程的小说，科幻的魅力在其中得到了淋漓尽致的表现，那上帝式的视角给了我近于窒息的震撼。同时，《2001》让我看到了一种完全不同的文笔，同时具有哲学的抽象超脱和文学的细腻，用来描写宇宙中那些我们在感观和想象上都无法把握的巨大存在。

克拉克的《与拉玛相会》则体现了科幻小说创造想象世界的能力，整部作品就像一套宏伟的造物主设计图，展现了一个想象中的外星世界，其中的每一块砖都砌得很精致。同《2001》一样，外星人始终没有出现，但这个想象世界本身已经使人着迷，如果说凡尔纳的小说让我爱上了科幻，克拉克的作品就是我投身科幻创作的最初动力。

反乌托邦三部曲。奥威尔的《1984》、赫胥黎的《美丽新世界》和扎米亚京的《我们》只被划定为科幻的边缘，但我从中看到了科幻文学的另一种能力，就是从传统现实主义文学所不可能具备的角度反映和干预现实的能力。《1984》在文学界没有很高地位，它的影响主要在政治和社会学领域。在一次成都科幻大会上，甚至有些作家认为，正是《1984》的出现，使真正的1984没有成为《1984》。这当然有些言过其实，但科幻文学除了带给人想象的享受外，还有其他文学体裁所达不到的现实力量。在我和江晓原教授的讨论中，我们都承认，反乌托邦三部曲中看似最黑暗的《1984》，实际上是三个想象世界中最光明的一个，其中的人性虽然被压抑，至少还存在；而其他两个世界中，人性已在技术中消失了。这种黑暗，是现实主义文学不可能表现出现的。

从文学角度看，托尔斯泰的《战争与和平》与赫尔曼·沃克的《战争风云》系列不是一个档次的作品，但我所关注的是它们所共有的鸟瞰全局的视角，它们都是全景式描写人类战争的小说，与那些以个人感觉为线索的小桥流水的精致文学相比，这样的巨著更能使人体会到人类作为一个种族的整体存在，这也恰恰是科幻文学的视角。

阿西莫夫的《自然科学导游》是一大部流水账式的东西，但确实也没有见到还有哪部科普作品对现代科学有这样系统的介绍。卡尔·萨根的《宇宙》《伊甸园的飞龙》也是较早进入国内的西方科普名著，虽然现在看来在理论的新颖上有些过时，但它在对科学的描述中引入了美学视角，这在今天看来不足为奇，但在20世纪80年代初期真的为我打开了看科学的第三只眼。

道金斯的《自私的基因》最大的特点就是冷，比冷静更冷的冷。它不动声色地揭示了生命的本质，尽管这种结论不一定正确，却告诉了我们一种可能：生命和人生以及世界与文明的最终目的，可能是我们根本想不到的东西。而辛格的《动物解放》则相反，把平等和爱撒向人类之外的芸芸众生，同样使我们从一个以前没有过的高度审视人类文明。不管怎么说，这两本书都很"科幻"。

但最科幻的是温伯格的《宇宙最初三分钟》和保罗·戴维斯的《宇宙最后三分钟》，诗样的语言描述出宇宙初生和垂死之际的极端状态，这时的世界离现实是那样遥远，却可能是真实存在的。在我们无法经历的时间里，带我们去我们永远无法到达的地方，这是科学与科幻的最大魅力，不得不承认，在这方面科学做得更好。

世界各个民族都用最大胆最绚丽的幻想来构筑自己的创世神话，但没有一个民族的创世神话如现代宇宙学的大爆炸理论那样壮丽，那样震撼人心；生命进化漫长的故事，其曲折和浪漫，与之相比，上帝和女娲造人的故事真是平淡乏味。还有广义相对论诗一样的时空观，量子物理中精灵一样的微观世界，这些科学所创造的世界不但超出了我们的想象，而且超出了我们可能的想象。这种想象是人类的神话作家们绝对无力创造出的。**但科学的想象和美被禁锢在冷酷的方程式中，普通人需经过巨大的努力，才能窥她的一线光芒。**而科学之美一旦展现在人们面前，其对灵魂的震撼和净化的力量是巨大的，某些方面是传统文学之美难以达到的。科幻小说，正是通向科学之美的一座桥梁，它把这种美从方程式中释放出来，以文学形式展现在大众面前。

我的读书生涯

苏童

江苏苏州人，作家，北京师范大学教授。代表作品《妻妾成群》《我的帝王生涯》《黄雀记》等。2009年凭借《河岸》获第三届英仕曼亚洲文学奖，2015年凭借《黄雀记》获得第九届茅盾文学奖。

真正有意思的是那样一种书，你读完后，很希望写这书的作家是你极要好的朋友，你只要高兴，随时都可以打电话给他。可惜这样的书不多。我倒不在乎打电话给这位伊萨克·迪那逊。还有林·拉纳德，不过D.B.告诉我说他已经死了。就拿毛姆著的《人性的枷锁》说吧。我去年夏天看了这本书。这是本挺不错的书，可你看了以后决不想打电话给毛姆。

——［美］J.D.塞林格《麦田里的守望者》

　　直到现在我还无法完全摆脱塞林格的阴影，我的一些短篇小说中可以看见这种柔弱得像水一样的风格和语言。人们普遍认为塞林格是浅薄的误人子弟的二流作家，这使我辛酸。我希望别人不要当着我的面鄙视他，我珍惜塞林格给我的第一线光辉。这是人之常情。谁也不应该把一张用破了的钱币撕碎，至少我不这么干。

——苏童

影响我写作的东西很多，除了对文学的爱好，生活本身也是影响因素之一。青少年时期，就是对文学有一种朦胧的爱好。另外，童年少年时期老师在哪一方面表扬你最多，你就会在哪个方面更下功夫。我的作文常被老师表扬，自然会喜欢写作。到大学以后，能够坚持创作，是另外的东西在影响我。我在20世纪80年代初进大学，那是一个文学的年代。我们班上35个是诗人，5个是作家。我就是在这样一个文学大潮中走上了写作的道路。成为一个所谓的作家之后，又有新的东西影响我。这个就十分复杂，有自己喜欢的作家的影响，生活一定也能影响我，甚至世界观也在影响我。一个作家的作品会改变，是因为影响写作的因素都在不断地改变成长，在新陈代谢之中。在一切都不稳定的情况下，创作也是另外一种面貌，永远都有新的呼唤、新的诱惑、新的拒绝、新的追求在产生。

　　很早以前，我读书几乎是不加选择的，或者是一部名著，或者是一部书的书名优美生动吸引我，随手拈来，放在床边，以备夜读所用。用这种方式我读到了许多文学精品，也读了一些三四流甚至不入流的作品。也有一些特殊情况，对某几部名著我无法进入真正的阅读状态。比如麦尔维尔的巨作《白鲸》，几乎所有欧美作家都倍加推崇，认为是习作者所必读的，但我把《白鲸》啃了两个月，终因其枯燥乏味而半途而废，怅怅然地还给了图书馆。那是多年前的事了，我以后再也没有重读《白鲸》。如果现在重读此书，不知我是否会喜欢。但不管怎样，我不敢否认《白鲸》和麦尔维尔的伟大价值。

令人愉悦的阅读每年都会出现几次，给我印象最深的一次是读塞林格的《麦田里的守望者》。那时我在北师大求学，一位好友向我推荐并把《麦田里的守望者》借给我，我只花了一天工夫就把书看完了。我记得看完最后一页的时候教室里已经空空荡荡，校工在走廊里经过，把灯一盏盏地拉灭。我走出教室，内心也是一片忧伤的黑暗。我想象那个美国男孩在城市里的游历，我想象我也有个"老菲芯"一样的小妹妹，我可以跟她开玩笑，也可以向她倾诉我的烦恼。

至少那段时间，塞林格是我最痴迷的作家。我把能觅到的他的所有作品都读了。我无法解释我对他的这一份钟爱，也许是那种青春启迪和自由舒畅的语感深深地感染了我。我因此把《麦田里的守望者》作为一种文学精品的模式，这种模式有悖于学院式的模式类型，它对我的影响也区别于我当时阅读的《静静的顿河》，它直接渗入我的心灵和精神，而不是被经典所熏陶。

直到现在我还无法完全摆脱塞林格的阴影，我的一些短篇小说中可以看见这种柔弱得像水一样的风格和语言。人们普遍认为塞林格是浅薄的误人子弟的二流作家，这使我辛酸。我希望别人不要当着我的面鄙视他，我珍惜塞林格给我的第一线光辉。这是人之常情。**谁也不应该把一张用破了的钱币撕碎，至少我不这么干。**

可以再说一说博尔赫斯。大概是1984年，我在北师大图书馆的新书卡片盒里翻到那部书的书名，我借到了博尔赫斯的小说集，从而深深陷入博尔赫斯的迷宫和陷阱里。一种特殊的立体几何般的小说思维，一种简单而优雅的叙述语言，一种黑洞式的深邃无际的艺术魅力。坦率地说，**我不能理解博尔赫斯，但我感觉到了博尔赫斯。**

我为此迷惑。我无法忘记博尔赫斯对我的冲击。几年以后我在编辑部收到一位陌生的四川诗人开愚的一篇散文，题目叫《博尔赫斯的光明》。散文记叙了一个博尔赫斯迷为他的朋友买书寄书的小故事，并描述了博尔赫斯的死给他们带来的哀伤。我非常喜欢那篇散文，也许它替我寄托了对博尔赫斯的一片深情。虽然我没能够把那篇文章发表出来，但我同开愚一样相信博尔赫斯给我们带来了光明，它照亮了一片幽暗的未曾开拓的文学空间，启发了一批心有灵犀的青年作家，使他们得以一显身手。

阅读是一件美好的事情。在阅读中你的兴奋点往往会被触发，那就给你带来了愉悦。那种进入作品的感觉是令人心旷神怡的。往往出现这样的情形，对于一部你喜欢的书，你会记得某些极琐碎的细节，拗口的人名、地名，一个小小的场景，几句人物的对话，甚至书中写到的花与植物的名称，女孩裙子的颜色，房间里的摆设和气味。

几年前我读了杜鲁门·卡波特的《蒂凡尼的早餐》，我至今记得霍莉小姐不带公寓钥匙乱揿邻居门铃的情节，记得她的乡下口音和一只方形藤篮。

有一个炎热的夏天，我钻在蚊帐里读《赫索格》，我至今记得赫索格曾在窗外偷窥他妻子的情人——一个瘸子——在浴室里给赫索格的小女孩洗澡，他的动作温柔、目光慈爱，赫索格因此心如刀绞。在索尔·贝娄的另一部作品《洪堡的礼物》中，我知道了矫形床垫和许许多多美国式的下流话。

卡森·麦卡勒斯的《伤心咖啡馆之歌》我读过两遍。第一遍是高中时候，我用零花钱买了生平第一本有价值的文学书籍，上海译文出版社的《美国当代短篇小说集》。通过这本书我初识美国文学，也细读了《伤心咖啡馆之歌》。当时觉得小说中的人物太奇怪，不懂其中三昧。到后来重读此篇时，我不禁要说，什么叫人物，什么叫氛围，什么叫底蕴和内涵，去读一读《伤心咖啡馆之歌》就明白了。

很多年前，我在就读的中学图书馆里借过一本书，图书馆的阿姨提醒我，这不是长篇，是短篇小说集，你借去可别后悔呀！我当时不知道是怎么回答她的，如果是现在，我会说，不后悔，**短篇小说永远是正确的**。

很多朋友知道，我喜欢短篇小说，喜欢读别人的短篇，也喜欢写。许多事情恐怕是没有渊源的，或者说旅程太长，来路已经被尘土和落叶所覆盖，最终无从发现了，对我来说，我对短篇小说的感情也是这样，所以我情愿说那是来自生理的喜爱。

谈短篇小说的妙处是容易的，说它一唱三叹，说它微言大义，说它是室内乐，说它是一张桌子上的舞蹈，说它是微雕艺术，怎么说都合情合理，但是谈论短篇小说，谈论它的内部，谈论它的深处，是很难的。因为一个用一两句话就能囊括的短篇小说会令人生疑，它值得谈论吗？相反，一个无法用简短的句子概括的短篇小说，同样也让人怀疑，它还是短篇小说吗？所以，短篇小说历来就让人为难，一门来自语言的艺术，偏偏最终使语言陷入了困境。

非小说文字中，我最喜欢阅读的是一些伟大的作家写出的伟大的杂文。

记得以前读鲁迅先生的文章，读到那个著名的一口痰和一群人的片段时，一种被震惊的快感使我咧嘴大笑，自此我的心目中便有了这种文体的典范和标准。

世界在作家们眼里是一具庞大而沉重的躯体，小说家们围着这具躯体奔跑，为的是捕捉这巨人的眼神、描述它生命的每一个细节，他们甚至对巨人的梦境也孜孜不倦地做出各自的揣度和叙述，小说家们把世界神化了，而一些伟大的杂文作家的出现，则打乱了世界与文字的关系。

这些破除了迷信的人把眼前的世界当作一个病人，他们是真正勇敢而大胆的人，他们皱着眉头用自制的听诊器在这里听一下，在那里听一下，听出了这巨人体内的病灶在溃烂、细菌在繁衍，他们就将一些标志着疾病的旗帜准确地插在它的躯体上。

　　自此，我们就读到了一种与传统文学观念相背离的文字，反优美、反感伤、反叹息、反小题大做、反蜻蜓点水、反隔靴搔痒，我们在此领教了文字的战斗的品格，一种犀利的要拿世界开刀的文字精神。

整理自宋庄对苏童的采访

我内心深处有一种
对轰轰烈烈、如火如荼的向往

唐浩明

1946年生，岳麓书社顾问。长期致力于近代文献的整理出版与历史小说创作。编有《曾国藩全集》《胡林翼集》《彭玉麟集》《20世纪湖南文史资料文库》等近代历史文献。著有长篇历史小说《曾国藩》《杨度》《张之洞》和读史笔记《冷月孤灯·静远楼读史》等。所著图书曾获国家图书奖、中宣部"五个一工程"奖、姚雪垠长篇历史小说奖等。

深根固本以制天下，进足以胜敌，退足以坚守，故虽有困，终济大业。

——罗贯中《三国演义》

为什么《三国演义》于我有这样大的吸引力呢？现在想起来，可能出于这些原因：一则是我内心深处有一种对轰轰烈烈、如火如荼的向往。三国时期风云激荡、群雄并起，契合我的向往。二则书里有许多我羡慕的英雄人物，我觉得人生应该像他们那样浓墨重彩、有声有色。三则书中的许多故事令我着迷。

——唐浩明

我从小喜欢读书，对书有一种天然的亲近感。读小学时，很喜欢看连环画，又叫小人书，偶尔有了一两分钱，便去小人书摊租书看。坐在小人书摊的木板凳上读书，是我童年回忆里最鲜明的画面。

　　那时给我印象最深的是《三国演义》连环画，一套书有几十本，看了一本就想看下一本。我可以坐在书摊边看一个下午的书，没有钱换一本，就把手里的书看第二遍、第三遍。倘若不是书摊主人催着还书，手里的这本书就可以这样一直看下去。为什么《三国演义》于我有这样大的吸引力呢？现在想起来，可能出于这些原因：

　　一则是我内心深处有一种对轰轰烈烈、如火如荼的向往。三国时期风云激荡、群雄并起，契合我的向往。二则书里有许多我羡慕的英雄人物，我觉得人生应该像他们那样浓墨重彩、有声有色。三则书中的许多故事令我着迷。还有一个重要原因，作者的文白相杂的语言，令我喜欢。诸葛亮的隆中对、在东吴的舌战群儒等，我几乎能全文背诵。从此，这种文风镌刻在我的骨子里。我没有料到，几十年后我自己在创作历史小说时，会自然而然地选择这种表述风格。这种语言风格的主要特征是典雅。我认为写历史小说，就应该用这种典雅的文风。

我在研究生院时读的是先秦文学，却对近代很感兴趣，原因是近代历史与当代关联密切。当代的很多事情，都可以很容易地从近代找到根源。当时，学术界有一句话：没有晚清就没有"五四"，没有"五四"就没有今天的中国。然而让我真正走进晚清，还是在担任新版《曾国藩全集》责任编辑之后。"曾集"记录晚清从道光到咸丰到同治这30年里，国家所发生的一切大事。这都是没有经过加工的第一手资料，真实地再现了晚清那个社会的方方面面。是编辑工作，给我提供走进晚清的机缘。

对于曾氏，我有一番越来越清晰的认识，那就是在这个人的心里有一个信仰，或者说有一个从青年时代起就树立的本心，即做圣贤。他早年说过"不为圣贤，便为禽兽"，这句话不是一时的心血来潮，而是他一生的追求。那个时代理学盛行，理学倡导人皆可成圣贤。许多读书人在年轻时，在入世未深时，或多或少都有做圣贤的想法。但到后来，因种种原因，这个初心便慢慢变淡薄了，甚至完全改变了。曾氏没有，他一直都在以圣贤要求自己。我们客观地看待曾氏一生，虽然他未必就成了圣贤，但有一点可以肯定，那就是他一生都行走在通往圣贤的道路上。这就是曾氏与众不同的地方。看到这一点后，对于他晚年被后世讥议的一件事，也便有了一个新的认识。

不少人认为，曾氏在打下南京后，有足够的理由与实力，乘胜推翻清朝，建立新的朝代。曾氏没有这样做，是出于他的自私，是以忠于一家一姓的小忠，取代了忠于社稷忠于百姓的大忠。我在写作《曾国藩》时，也是持这种看法。其实，这是对一心要做圣贤的曾氏的误解。

《中庸》上说"不诚无物"。圣贤的根本衡量只有一条，即诚与不诚。如果曾氏乘胜造反，那他就将自己一生所信奉的诚抛弃了。依此信条，不但不是圣贤，他就是王莽式的大奸大伪，顶多也只是曹操式的奸雄。曾氏绝不愿做王莽、曹操式的人。

世上的大事业莫过于圣贤事业与豪杰事业。圣贤事业化育人心，乃千古之事业。豪杰事业建功立业，乃一时之事业。做一个新朝代的帝王，不过是豪杰事业的顶峰而已，不能与圣贤事业相比。因为此，曾氏不但不造反，还要自剪羽翼。基于此，我要将小说做点儿修改，于是有了2016年的修订本。

写完《张之洞》后，我开始"评点曾国藩"系列的写作。这时我笔下的"曾国藩"不再是文学人物，而是历史上那个被称作曾文正公的人。我试图与读者一道深入曾氏的心灵世界，破译曾氏及其家族崛起的密码，并借此触摸中华民族文化的深层积淀。通过后来一系列的"评点"，我的确在这方面很有收获。

我深深地感觉到，曾国藩就是中国传统文化的化身。研究他，就是在研究中国传统文化。曾国藩一生实际上只做了一件事，那就是将中国传统文化所倡导的理念，践行于自己的人生与事业，并达成了自己的目标。比如说，他为子孙留下的四点遗嘱：慎独、主敬、求仁、习劳。这四点是他一生努力践行的信念，他也希望后世子孙去努力践行。这四个价值观念，都是中国传统文化最为倡导和看重的。

这些年来，我之所以热心为社会各界讲述曾氏，也是因为我认为讲曾氏，其实就是在讲中国传统文化。我要借曾氏这个人，来向听众传承弘扬中国传统优秀文化。

在动笔写作小说《曾国藩》之前，以及写作过程中，我会常常借助一些书籍，其中特别多的是清末民初时期的私家著述。清末民初，中国开始有了大众出版行业，大批私家著述借此问世。我需要借助此类书籍，来寻觅往事的痕迹。当然，这些书中的史事真真假假，不可全信。但有的著述为后人提供了一些故事情节，这些情节可以开拓创作的空间。也有的著述里有场景描绘与当事人的话语实录，这些更为珍贵，为小说的感染力提供了重要支撑。

比如赵烈文著的《能静居日记》。赵是曾氏的贴身幕僚，又与曾氏有着师生之谊，很得曾氏信任。在一段较长的时间里，赵与曾氏过从甚密，两人在曾氏私室中有过许多次深入的谈话。赵在第一时间里将这些谈话如实记录。其中常常有当时的场景与氛围描述，还有曾氏当时的神态记载。这样的书籍，对历史小说创作来说是极为难得而可贵的。

我的枕边书有这样几大类中国的传统经典：一是必备的工具书，如《中国历史地图集》等；二是常年订阅的报刊；三是一段时期内的在读书。我经常读的书是唐宋诗词以及鉴赏古典诗词的书籍。这些书能给我带来阅读快乐，读这些书时会有曾氏所说的"声出金石，飘飘意远"的感觉。

整理自宋庄对唐浩明的采访

阅读的"竿子"撤了，
影子还在

徐则臣

作家，《人民文学》副主编，鲁迅文学奖、茅盾
文学奖得主。著有《北上》《耶路撒冷》《跑步穿过中
关村》《如果大雪封门》等。

现在想想结婚以前把恋爱看得那样郑重，真是幼稚。老实说，不管你跟谁结婚，结婚以后，你总发现你娶的不是原来的人，换了另外一个。早知道这样，结婚以前那种追求，恋爱等等，全可以省掉。谈恋爱的时候，双方本相全收敛起来，到结婚还没有彼此认清，倒是老式婚姻干脆，索性结婚以前，谁也不认得谁。

——钱锺书《围城》

　　这世上竟然还存在如此美妙和智慧的汉语，读一次你就得笑一次，读一次你就得深思熟虑一次。我第一次经历了文学意义上的震撼。意识到它的美，但没能力条分缕析地理解它的美，所以就一遍遍重读。

——徐则臣

我从不同的角度多次谈过阅读，这一次说说阅读和未来。阅读的意义在当下，更在未来。有个成语叫立竿见影，竿立了，影子立刻显出来；阅读也是立竿见影，有所不同的是，阅读的"竿子"撤了，阅读的影子还继续在，它将给我们带来如影随形的、长久的滋养。

阅读的确可以通向未来

　　我生长在乡村，20世纪70年代末80年代初，在一个相对落后的村庄，一个孩子对未来几乎没有任何概念，对世界也如此。距我家40里外没去过的县城，我一直把它想象成仅次于北京的第二大城市。那时候的阅读条件可以想象，没有书读。整个村庄屈指可数的几本像样的书，被无数人翻过，最后也不像样了。小学时我读过的两本被掐头去尾的长篇小说，到了大学念中文系，才知道一本是《金光大道》，一本是《艳阳天》。10岁那年，我念小学五年级，同学带了一本《小灵通漫游未来》到学校。因为这本书，他成了班级最受欢迎的人。我们从来没看过这样的书。如果他懂市场经济，完全可以守着这本书发笔小财。他没赚到钱，但是赚到了其他东西，我每天早上都要把我们家院子里种的黄瓜揪下来两根带给他，都是鲜嫩的瓜纽子，我等不及它们成熟。一周后，我借到了这本书。这是我读的第一部科幻小说。我没把它当成科幻小说来看，那时候也不知道有科幻这回事。故事我忘得差不多了，有个细节一直记得，说是在未来，我们就可以把车开到天上去，也就是飞行器。在天上，车多不碍路，迎面来的，斜刺里杀出来的，旁边挤过来的，都会自动错层，各自寻找合适的飞行空间，总之绝对不会撞车。这个未来是在2000年。我极其羡慕这种飞行器。我认为这跟我的设想有点儿像。逢年过节，我爸都要骑自行车带我和我姐去姥姥家。我坐前面的横梁上，我姐坐后面的座上。姥姥家在山东临沂，丘陵多，一路不停地上坡下坡。太长太高的坡上不去，我们就从自行车上下来步行。最开心的是下坡，半分钱力气不花，那飞翔一般的快意。我会及时地把外套扣子解开，让风把衣服下摆吹起来，想象自己是只鸟。下坡是最好的路。那时候我就想，如果从一个地方到另外一个地方全是下坡，那就好了，坐上自行车就可以不操心，飞流直下一路跑，下了车就到目的地了。自行车的脚踏和链条也省了。我姐觉得这想法不现实，如果去时是下坡，那回来就全是上坡了，更要命。于是我就又想，如果从我家到姥姥家是一条下坡路，从姥姥家到我家还有一条下坡路，这个问题不就解决了？麻烦在于，怎么能让一个地方既在高处又在低处呢？不具备可操作性。《小灵通漫游未来》把这个问题解决了，到2000年，一架飞行器遇到另一架飞行器，既可以飞到它上方，也可以飞到它下方。忽焉其上，忽焉其下，也就是说，它既能高高在上，也可以俯身到最低处。有飞行器如此，便再不需要费力巴拉地在我家和我姥姥家之间修两条路了。

那个时候不懂科幻。"科"也只是一知半解，"幻"根本不知所云；也只莫名地相信"科"，忘了什么是"幻"。我就无比地期盼2000年。那是1988年，我对12年后望眼欲穿。自此，我每年都会无数次想到2000年，到那时我们就可以随便上下坡了。时间一天天逼近2000年，我越来越激动，也越来越紧张。其实年既长，我早明白那就是个幻想，但那期待已然深入骨髓，明知道是假的还是暗暗祈盼奇迹。1999年我最紧张，我确信明年不可能在天上自由地上下坡了。一点儿不矫情，我感到非常难过。我有种强烈的失落感，觉得这11年白过了。以至于到了2000年，所有人都张灯结彩、欢呼雀跃，我心里却充斥着一种挥之不去的落寞和不甘。因为《小灵通漫游未来》，2000年成为我人生的一个节点，它从我10岁那年起，就是我的未来。今年我44岁，真是巧，2000年我22岁，正处在我目前人生的正中间。事实上，这些年里，我一直都把这一年作为我时间坐标里最重要的一个点，只要从这个点出发，不管是往前走还是往后退，我总能顺畅地展开对未来的想象和对往事的回忆。小说是一门关于想象和回忆的艺术。想象和回忆都必须有一个出发的原点，2000年给了我这个点。准确地说，是《小灵通漫游未来》给了我面向未来与可供转身回忆的原点。从最基本的时间的意义上，《小灵通漫游未来》证明了，阅读的确可以通向未来。

寻找属于自己的句子

从抽象的意义上，我们同样可以证明，通过阅读足以抵达未来。这也是我想说的另一本书的故事。钱锺书先生的长篇小说《围城》。在当下中国，一个读书人，不知道《围城》的怕不多。我们都知道这是一部经典的好小说，尤其是它的语言、智慧和幽默感，读之令人叹为观止。我很庆幸，在一个阅读氛围极为稀薄的环境里，在我刚刚对汉语之美和智慧之美有了敏感意识的年龄，读到了《围城》。那时候我上初中一年级，有个高我两级的朋友，向我推荐了这部小说。这世上竟然还存在如此美妙和智慧的汉语，读一次你就得笑一次，读一次你就得深思熟虑一次。我第一次经历了文学意义上的震撼，意识到它的美，但没能力条分缕析地理解它的美，所以就一遍遍重读。在阅读资源匮乏的年代，我的确也没见过比它更好看的书。每年我都要读两次，寒假一次，暑假一次，一直读到高中，小说中的很多章节可以大段大段地背诵下来。高中在县城念，学校里有个不错的图书室，学校附近有个像样的书店，接触文学的机会多了。但《围城》于我的意义是别的作品无法取代的。见贤思齐，熟读之后，我开始模仿，说话和写作文都是《围城》的腔调。照当年同学的说法，高中时我张嘴就是"钱味儿"。当然那个阶段很快就过去了。我既无钱锺书先生的天分，也没有他的学识和幽默感，我意识到，不能再用假嗓子说话了，得找到自己真实的声音。用作家陈忠实先生的话说，就是要"寻找属于自己的句子"。现在我写作和说话的风格，与钱锺书先生大相径庭，我的文字里可能完全找不到钱先生的影子；但是，是《围城》把我带进了语言和文学的大美世界，成功地给我"种"上了文学的"草"。1997年，大学一年级的暑假，当我决定要当一个作家时，我一眼就看见了念中学时，我窝在家中一把破旧的藤椅里阅读《围城》的那些浩荡的时光。《围城》写的是20世纪20到40年代的老故事，我在半个多世纪前的旧时光中看见了自己的未来。所以，从文学的意义上说，阅读给了我一个切实的赖以为生的未来，阅读让我成为一个作家。

首先要做一个好读者

作为一个作家，如果你问我，阅读和写作哪一个更重要，我会告诉你一个梦游时都不会说错的答案：阅读更重要。要做一个好作家，首先要做一个好读者。阅读是写作之母。当然，阅读并不只是天天盯着书本看。古人说，读万卷书，行万里路；既要读有字书，也要读无字书。所谓心中有丘壑，下笔如有神。这也是我要说的第三本书的故事。我的长篇小说《北上》。从决定写，到定稿，历时4年。小说写的是京杭大运河。如果从吴王夫差开挖古邗沟算起，到隋炀帝开凿隋唐大运河，再到元世祖忽必烈贯通京杭大运河，至今，这条河已经流淌了2500年。2500年里发生了多少故事，尤其晚清以来的100多年里，围绕这条贯穿中国南北的大河，展开了多少风云际会，变幻了多少时代沧桑，生发了多少国族大义、爱恨情仇，一个小说家，任你有再天马行空的想象力，也难以有效地还原历史现场。这还不包括全长1797公里沿线上迥异的水文和地理、乡风与民俗。如果仅仅坐在书斋里闭门造车，面前铺着多大的稿纸，你的思维都会局促，你的笔都将无动于衷。怎么办？阅读。读有字书，也读无字书：看各种史实和资料，把案头工作做足；同时迈开腿，从书斋里走出来，走到旷野里，走到河边去。

从1997年开始写小说，运河就一直是我小说的故事背景，我也断断续续走且读了十几年运河，但真要以运河作为主人公来写《北上》，这些积累远远不够。在4年写作的前3年，我又坐下来，集中恶补了近70本相关资料，同时隔三岔五离京南下，带着问题，有针对性地把京杭大运河又走了一遍。田野调查，是脚踩在大地上的阅读。陆放翁说："纸上得来终觉浅，绝知此事要躬行。"诚不我欺也。中国地形复杂，北高南低，自杭州北上，如何让一条大水往高处奔流，不去现场研究那些复杂的地形，见不到凝结了一代代中国人智慧的治水工程，你就无法想象一条河竟然可以翻越40米高的落差，曲折浩荡一路北上流到京城。我是一个愚钝的人，如果没有充分的阅读和走读，我永远也不会写出《北上》。在我看来，在今天，所有复杂的写作，说到底都是阅读式写作，也只能是阅读式写作。我们的写作必须也必然要建立在大量的阅读上。在过去了的这些年，通过阅读一本本书，作为一个读者，我抵达了未来；作为一个作家，通过阅读一本本别人的书，我也抵达了我自己的一本本书。《小灵通漫游未来》《围城》和《北上》，仅仅是阅读通往未来的三例个案。**每个人的成长之路，都摆满了这样清醒的路标，这些路标就是一次次的阅读，就是一本本书。每一次阅读、每一本书，告诉我们的都是：下一站，未来。**

读书的志趣，
在心上的一念之间

强世功

教授，博士生导师，法学家、港澳问题专家和民族问题专家，现任中央民族大学校长。主要研究方向为法学理论、政治理论等。著有《法制与治理：国家转型的法律》《立法者的法理学》《文明终结与世界帝国：美国建构的全球法秩序》和《中国香港：文明视野中的新边疆》等，译著有《美国宪法的"高级法"背景》等。

"喂，请你当心点儿，看着自己做的事好吗！"爱丽丝一边嚷，一边吓得连连跳脚。"喔，当心他的漂亮鼻子！"这时一个特大的平底锅正朝婴儿飞来，差点把他鼻子削掉。

　　"要是每个人都能当心点儿，少管人家做的事儿，"公爵夫人嘶哑地吼道，"世界转起来就会快得多。"

——［英］刘易斯·卡罗尔《爱丽丝漫游奇境记》

　　原来掉进不同的树洞，会进入完全不同的世界。这可不是美妙的童话世界，而是残酷竞争的丛林世界，所有的概念、观点、价值都以战胜别人的姿态出现。我们就像一个杂食动物，需要一副好脾胃，在不断蠕动中消化这些未经咀嚼而又相互矛盾的东西。

——强世功

回想童年，有两种体验让我至今难以忘怀。一种是饥饿的痛苦，另一种是读书的幸福。我们这个年龄都经历了国家困难时期。我家里生活条件不算最差，但一日两餐，早上吃过饭去上学，下午放学又累又饿，还要走几里山路。回到家还没饭吃，因为母亲是小学老师，放学之后要留下来批改作业、备课，还经常要在大队开会。她回家时，我们往往把饭做好了。也因为父母都是小学老师，我最幸运的就是比别的孩子更容易接触到知识。我依然记得小时候父亲用小木棍在地上写的繁体"马"字的样子，栩栩如生，非常可爱。然而，在贫困偏僻的山村，除了课本，很难找到能读的书。每次到公社上的集市，我就会对着供销社玻璃柜下的"小人书"（连环画）发呆，有时往往要节省下来几天上学的干粮从同学那里换来"小人书"看。童年的许多故事都是和找书、读书、还书甚至"偷书"的故事联系在一起。不知道哪一天，从父亲的旧书箱中翻出被撕得没头没尾、繁体竖排的《水浒传》，就这样每天抱着读，连繁体字都慢慢认识了。

　　童年的故事书真的很奇妙，就像《爱丽丝漫游奇境记》中的那个兔子洞，一旦掉进去就进入丰富多彩的美妙世界，游走在不同的生活世界中，遇见了各种各样的人，经历了不同时代的人与事，从此与主人公的命运纠缠在一起，与他们一同欢乐和痛苦，为他们加油，为他们自豪，为他们难过，为他们叹息。有时，甚至认为书中的生活世界才是真实的，放下书回到现实中有些不真实的恍惚。自己就在这个世界中不断获得滋养，不断成长。我虽然不能像博尔赫斯那样，将天堂想象为一座巨大的图书馆，但对读书的热爱变成了对艰难岁月所经历的生活伤痛的疗治。读书让我忘记饥饿和伤痛，让我忘记痛苦和忧烦，遇到难过的事情只要有书读就很快让自己重新变得明亮快乐起来，觉得自己的痛苦和故事中主人公的经历比起来根本渺小得不值一提。读书也让我变得性格沉静，心灵敏感，让我对古今中外的大千世界有了更多的想象。现在能回想起来很多童年的故事，不是和吃有关，就是和书有关。后来看到李泽厚先生讲"吃饭哲学"和"乐感文化"，就猜想这是不是和我们经历的那个独特时代有关？

上了高中，我老老实实准备高考，不敢多读小说。那时候，金庸的武侠小说已经开始出现了，但我硬是忍住没看。实在禁不住就看一会儿毛宗岗父子点评的《三国演义》。这套书可以说伴我度过高中岁月，成为紧张学习中最好的放松。这样的书不需要从头开始，随便打开就进入了美妙的世界，这样的阅读体验只有上大学读金庸武侠小说才有。尽管如此，不知道为什么，蜀国灭亡之后的故事怎么都读不下去，到现在都没有读这些最后的回章。和目前流行的教育理念中强调批判性阅读不同，我读《三国演义》对历史思考、文学写作没有什么帮助，只是完全沉浸在那个世界中，让我成为那个世界的一部分，从而更深地体会每个人在历史舞台上的角色，并由此获得反观自己身处当下世界的视角。难道我们今天生活的现实世界在别人看来或者后人看来，不就是历史小说或历史这个伟大的作家撰写的小说？我们每天的生活不就像小说中的主人公那样面临各种人生的不堪？书的世界和我们的生活世界原本就是一个世界，我们的生活原本就是各种世界叠加在一起创造的拓扑空间。后来，这套《三国演义》我一直带到身边，成为父亲留给我最好的纪念。

进入大学刚好赶上"文化热"和读书热，我的读书世界一下子打开了。不仅有充足的时间读书，而且有读不完的书。面对图书馆成排的书架，往往不免发呆。不像某些有志青年产生想读完所有书的雄心，而是困惑这么多的好书怎么能读得完，读书从哪儿开始呢？那时候，我见到有学识的学长、老师，都会问怎么读，读哪些书。后来慢慢明白，指导读书固然重要，重要的是谁指导你读书。若没有好的老师指导，时代就变成了最好的老师，年轻人不可能抵制最浅薄流行的读物，反而成为这些浅薄流行读物的虔诚信徒，因为它能即刻打动你，许诺你最美好的东西。当然，这个年龄，那个时代，流行的不是文学小说，而是各种各样时髦的理论。每个人都不由自主地被卷入到"文化热"的旋涡中，开始毫无规划地杂读。从柏杨的"酱缸文化"到金观涛的"超稳定结构"，从李泽厚的"三论"到"文坛黑马"高扬审美与人的自由，从"走向未来丛书"到

"文化：中国与世界"，从尼采到弗洛伊德。那时，读理论书对每个大学生而言，都有一种迷狂的感觉。

原来掉进不同的树洞，会进入完全不同的世界。这可不是美妙的童话世界，而是残酷竞争的丛林世界，所有的概念、观点、价值都以战胜别人的姿态出现。我们就像一个杂食动物，需要一副好脾胃，在不断蠕动中消化这些未经咀嚼而又相互矛盾的东西。宿舍卧谈也就变成了反刍，试图用各种理论概念来战胜室友。由此，我们似乎变成了这些理论的奴隶，在宿舍、课堂、社团活动，以及更大范围的活动中展开争夺和论战。读书不再是逃避现实生活的疗治或放松，相反似乎让自己变得异常强大，具有了战胜别人的力量，甚至具有改变世界和创造历史的力量。由此，读书反而让人以一种全新的姿态进入现实世界。童年阅读中我与书中世界之间那种亲密无界的幸福感分离了，读书让你的大脑有每天不断扩充知识的成就感，但不见得有原来那种心灵充盈的幸福感。读书渐渐成为获得理论工具的渠道，书籍就是工具，概念、理论不仅是解释世界的武器，而且是改造世界的武器。直到后来，才知道我们当时信奉的"知识就是力量"被福柯概括为"权力—知识"。

直到大三，我认识了梁治平老师，并专门请教读书问题，他推荐我读比较法的书，并指导我的本科毕业论文，顺便也把《读书》①推荐给我。正是顺着《读书》上相关文章推荐，才顺

---

① 指三联书店出版的《读书》杂志，编者注。

藤摸瓜去阅读相关著作。那时心理学非常流行，我自然就会顺着弗洛伊德读到荣格、马尔库塞和弗洛姆的著作。其中，马尔库塞的《爱欲与文明》就是先看到赵越胜在《读书》上的介绍文章才开始阅读的。

大学毕业之后，我回到家乡榆林司法局工作，伴随我的除了自己热爱的一些学术著作，也就是《读书》了。和现在大学生在校园生活中练就精明能干的职业品格不同，那个时代的大学生活将我塑造成吊儿郎当、不修边幅的读书人模样。单位领导和同事善意地提醒我要尽快适应行政工作，家里亲人们也担心我这样下去会变成一个有害无益的"书呆子"。长辈们为了旁敲侧击提醒我，就给我讲起民国初年榆林城里家喻户晓的"李魔鬼"的故事：一位从日本回来的留学生，每天坐在街边的凳子上读书，连冬天下雪天也都出来，和谁也不说话，大家都觉得他是一个疯子，只知道他姓李便称呼他"李魔鬼"。在榆林这三年寂寞忧烦的日子里，我的脑子里常常闪现出他的身影。黑色的呢子大衣，再加上礼帽和围巾，而且挂着拐杖，像欧洲绅士一般，每天都出现在街边小公园里的长凳上，静静地读书，甚至雪花飘在身上也不在意，路人好奇而同情的目光所能遇到的，是他镜片后面冷漠、空洞、呆滞的眼神。究竟什么样的书能让一个留学生如此痴迷，以致将自己与现实生活世界隔绝起来？读书究竟有益于人生，还是有害于人生呢？

这些问题有时也让我对读书变得困惑起来，我一度也试图融入上班无所事事、下班抽烟喝酒打麻将的现实生活。然而，书籍真的就像魔鬼一样，不断诱惑你，让你像吸食鸦片一样上瘾，它让我丧失了融入现实生活的能力，却创造了一个虚幻美好世界，承诺把你从这种沉沦的现实生活中拯救出来。好在和"李魔鬼"相比，时代不同了。那时刚好有一群因毕业分配不如意而回榆林工作的年轻人，大家都怀着理想抱团取暖。有的很快就去深圳等沿海城市闯天下了，剩下我们几个就准备考研究生。于是，我似乎又回到了高中最单纯的日子，躲开世事纷扰，自然也成了"星源图书楼"的常客。这是榆林籍香港企业家胡星源捐资兴建的，在当时榆林城里是一座标志性建筑，它取代了"李魔鬼"时代公园里的椅子，成为读书人经常光顾的地方。有段时间我对面经常坐着一个小伙子，每次都在读库萨的尼古拉的《论有学识的无知》。这种深奥的书我根本不敢去碰，我猜想他肯定是哪个名牌大学的毕业生。后来才知道他毕业于一所普通的大学，在榆林某个银行工作，也没有考研究生的打算，我们还专门见面聊过一次。看来，读书与毕业学校无关，与工作单位无关，而与心灵禀性有关。今天在高校专职读书写作的又有多少在心灵禀性上属于读书人呢？

　　2008年从香港回到北京，我慢慢将工作重心从研究转向教学。阅读也随之从发表论文的需要转向教学的需要，由此逐渐回归到对经典的阅读。回想自己当年走过的读书弯路，越发意识到引导学生读书比发表专业论文更重要。为了做研究，你必须读很多资料、档案，包括读一些很差的书籍和文章，因为这是资料文献研究的需要，否则你不是一个称职的研究者。然而，读书恰恰可以选择读自己最喜欢的、最开心的书，这样的阅读与研究和写作无关。读书可以完全凭借个人喜好和兴趣，而研究必须有职业伦理的担保。读书可是一种生活方式，而研究则是一项职业（当然可以是志业）。读书可以是非常个人化的体验和享受，以非常个体化的方式服务于自己的生活，而研究则必须进入一个共同的思想传统和学术脉络中，在学术规范的要求下进行，有时甚至个人化的思考根本不重要，更重要的是让你的思考进入到那个脉络和传统中，从而构成这一思考、对话的一部分。每个学者不过是文明流淌大河中的水滴，甚至一些伟大的学者或思想家也不过是一朵浪花而已。

回过头来看，20 世纪 80 年代以来在大学中培养起来的那种读书研究心态，恰恰强调以一种自我的傲慢来对待书籍，强调将自我意志凌驾于书本之上，强调在读书和写作中打上自己的烙印，从而突出"我的"观点、理论和思想，并以此作为理论创新的动力。在这样的读书、写作的体验中，一方面书本、理论、思想都是服务于"我的"，成为说服他人、战胜他人的工具，但另一方面，"我"也就变成了书本、理论、教条的奴隶。读书由此真正变成了"与魔鬼的交易"：你在利用"魔鬼"让自己变得越来越强大，你也就陷入"魔鬼"准备好的圈套中，成为"魔鬼"的奴隶。在这种与魔共舞中，读书、理论、思想不仅成为战胜他人的工具，而且成为一个人陶醉其中并无法自省的展现"自我"的表演。于是，读书和写作就像日益流行的装置艺术，新书越来越多，理论概念越来越时髦，项目越做越大，思考却愈益狭隘，品性也越发丑陋。而读书一旦不能完成"与魔鬼的交易"，不能让一个人出人头地，完成在公共舞台上战胜他人、展现自我的这项艰巨任务，那就要加倍偿还魔鬼的债务，让你无法融入日常的现实生活，成为日常生活中的"魔鬼"。

正是面对当下流行的读书思考风潮，我才慢慢理解了"李魔鬼"这个故事中的真正寓意。当我们抱着读书出人头地的功名之心，抱着读书成为人上人的傲慢之心，抱着读书最终战胜他人、改造他人的野心，我们不是在"与魔鬼达成交易"吗？我们所谓的"现代"不就是为了达成与魔鬼的这项交易而陷入"铁牢笼"之中吗？正是严肃地审视读书生活，才越来越深地领悟到施特劳斯对现代性的批判，理解柏拉图笔下的"智者"形象，也更加理解了孔子所强调的"为己之学"。今天所谓的"现代"，所谓的"古今之争"，其实和时间没有关系，说到底和人的生活方式有关，和人对读书的不同理解有关。"学而时习之"，读书可以让我们明智，让我们意识到人性中的卑劣，让我们意识到人之为人的困难，从而在庸常生活中不断磨炼自己的心性，提升自己的觉悟；"知识就是力量"，读书可以让我们变得强大，从而超越他人、战胜他人，并征服世界、改造世界。读书究竟听从天使的召唤，还是与魔鬼在交易，其实就在心上的一念之间。然而，人生不是霍布斯所理解的"竞赛"，与"知识—权力"带来的征服相比，人类有更重要的东西，而人类文明之所以源远流长，恰恰就在于关注这些更重要的东西。中国现代文明的复兴固然要依赖经济政治上的全球竞争，依赖学术和理论的话语权创新，但绝不可忽略对这些根本性问题的思考。面对历史上不同文明传统对这些根本性问题的思考差异，未来的中国人究竟如何回答这些根本性问题呢？转向阅读经典，转向推动通识教育，恰恰是让青年一代从一开始就思考这些人类文明最根本的问题，从而不是把书籍、理论变成征服世界的工具，不是把自己塑造成一种雄峰型人格的智者，而是让自己变得开心快乐，让书籍成为启迪智慧、不断觉悟而向上攀登的阶梯。

"十年树木，百年树人。"教育是不断积淀涵养的过程，需要我们用足够的耐心慢慢培育和呵护。今天的智者们动不动就爱拿"钱学森之问"说话，迫使大学忙于和国际一流大学在形式上对标，不断推出各种急功近利的教育改革方案。这种不断折腾已经伤害到了教育。**如果教育不去培育对宇宙自然的敬畏之心，不去养成对思想的由衷热爱，不去鼓励对美好生活的思考、觉悟和追求，怎么可能产生精神创造呢？**随着社会环境和家庭条件的改变，中国教育已经发生了根本性的质变，只是需要我们有点耐心去等待，防止社会上各种流行意见不断捶打已脆弱不堪的校园。

我的读书生活

谢冕

文艺评论家、诗人、作家,北京大学教授,博士研究生导师,北京大学中国诗歌研究院名誉院长、北京大学中国新诗研究所所长。著有《新世纪的太阳》《中国新诗史略》《红楼钟声燕园柳》等。

《万历十五年》指出道德非万能，不能代替技术，尤不可代替法律，但是从没有说道德可以全部不要，只是道德的观点应当远大。凡能先用法律及技术解决的问题，不要先就扯上了一个道德问题。因为道德是一切意义的根源，不能分割，也不便妥协。如果道德上的争执持久不能解决，双方的距离越来越远，则迟早必导致于战争。今日全世界处于原子武器的威胁下，我们讲学不得不特别谨慎。

——黄仁宇《〈万历十五年〉和我的大历史观》

黄仁宇的《万历十五年》是一部奇书。奇就奇在他用某一年写整部明史，用一个皇帝、一个宰辅、一名战将、一名文人来写"大明帝国"的"定数"，单从角度的新颖，体例的独特，以及论述的精赅而言，这本薄薄的书，对学人的启发却是丰博而深远的。

——谢冕

我没有"童年阅读"

在我的记忆中，我几乎没有"童年阅读"的阶段。我似乎是一开始就摒除游戏性质的训练而进入"纯正"的文学阅读。我从小就不喜欢现今被称为通俗文学的那类作品。偶尔也涉猎过《七侠五义》《施公案》之类的小说，但往往"不忍卒读"便放下了。那些描写引不起我的兴趣。我的童年是艰难而充满忧患的。家境贫寒，再加上异国入侵的战乱，个人和家庭的生计维艰，以及笼罩头顶的战争的乌云，剥夺了人生最天真无邪的那个阶段。我的"心境"与那些轻松的愉悦的阅读无关。早熟的人生使我天然地排斥那种旨在消遣的阅读活动。

我的小学至少换过四个学校才勉强地读完。有的是因私立小学缴不起学费，有的则是因战事逼近而逃跑迁徙。初中的三年更是在愁苦中度过的，每一个学年开始，我总为筹措学费发愁。好不容易缴了学费入学，每日的吃饭又成了问题。砍柴、拾稻穗、替父母典当混日子都是我童年时期的真实的东西。

可以说我的童年阅读是被恶劣的生存环境所剥夺了。我没有任何的物质和精神的条件为这类阅读提供可能性。我的青少年时代的教育也不完备，动荡的岁月使我很早便离开学校。军旅多变动的生活使我很难安闲地读书。因此，一些现在看来是经典性的古典小说如《水浒传》《三国演义》《红楼梦》等，都是军队复员进了大学以后按照文学系正规的要求阅读的。这时候读那些作品，已经是专业研究者的眼光，而非单纯的欣赏了。我从来也没有喜欢过《封神演义》《西游记》或《镜花缘》一类作品，我不喜欢它们和现实生活"隔离"的姿态和角度。

恶劣的环境和艰难的人生，使我自然地远离童年时代或青少年时代自然会有的那种"阅读的享受"，我发自内心地拒绝对于书本的消遣和嬉戏的态度。也许这是有悖于常理的，却是我的实际情况。这与后来我视文学为庄严神圣，以及确立它匡时济世的手段的观念不无关系。

但童年的我的确喜爱书籍和喜爱读书。当同样年龄的孩子热衷于玩捉迷藏一类游戏的时候，我已经饶有兴味地读起了"五四"新文学的作品。那时没钱买书，但还是千辛万苦地拥有了一些。有一两个童年好友同样嗜书，就在其中一位的家中办起了我们自己的"图书馆"——各人把自己的"藏书"都搬到了他家中，像正式的图书馆那样给书分类、编号——但借书人仅限于我们自己。这就是我童年时代的以"合资"形式筹办的"内部图书馆"。这些近于游戏性质的活动，对于我们良好习惯和高雅情趣的养成，默默地起着作用。

文学与我

在有的文章里，我说到童年时代我受到新文学中两位作家极大的影响，这就是巴金和冰心。"巴金教我抗争。冰心教我爱"。《寄小读者》我很早就读了。这部作品以它博爱的胸怀、高雅的心灵和优美的文体，为我展开了一个崭新的世界。我为这个世界所倾心。随后，我进了初中，我以当时在报上发表文章获得的几乎是全部的稿酬，买下了开明版的《冰心全集》。在那里，我读到了《春水》和《繁星》，也读到了《往事》和《南归》。我至今还认为冰心写于1932年的全集自序是一篇非常优美的具有典范性质的散文。至于《南归》所传达的丧母之痛，从那时起直至今日还时时唤起我的哀然。

我读巴金要晚一些，是上了中学之后的事。我中学母校是英国教会办的三一中学，那里弥漫着英国式的学院气氛。英语是第一语言，有繁多的宗教活动。而当时却是抗日战争与第三次国内战争纠结的时期，对现状的不满使我思想激进。我自然而然地接近了巴金的世界。因为对旧世界的吞噬和倾轧有切肤的痛感，我能够理解巴金的反抗精神，并从他那里获得了爆喷的激情。

我没钱买书，只能到处找书来读。堪可告慰的是，兵荒马乱之时，居然还有很多的书摊和书店在开张。每次放学，我总到书店里去"免费"地找书读。那时有个好的规约，不论多小的书摊，老板从不驱赶那些买不起书的免费阅读者。在那些书摊上，我读到茅盾的《子夜》、徐讦的《风萧萧》，还有《马凡陀的山歌》。

做学问从多读书开始

我喜爱新文学，我总是满怀欣喜地亲近、投入它的怀抱。那时我年纪小，不明世事，却相信新文学造出的世界是属于我们的。它所展现的诗意和追求是属于我的。我那时读不懂鲁迅，却不由得为他的深奥所吸引，我感受到了他的深厚和沉郁，甚至也感受到了它的严峻和尖刻。但是那时我无法理解他，不仅他的杂文，甚至是《狂人日记》和《阿Q正传》，但他的独特风格吸引了我，他的异端色彩对于年少的我展示了极大的诱惑力。

同样，我也读不懂郭沫若。《女神》那集子里的诗，大部分我难于理解。只有《地球，我的母亲》等少数几篇，我大体知道说的什么。说到《地球，我的母亲》这首诗，我想起一件趣事。这事发生在我读到这诗之前。那是初中一年级的时候，年级办墙报，大概因为我喜欢文学和写作，便推我当上墙报编辑。有位同学投来了一首诗，题目便是《地球，我的母亲》："地球！我的母亲！我过去、现在、未来，食的是你，衣的是你，住的是你，我要怎样才能报答你的深恩？"我接到这篇"投稿"很是欣喜，以为我们这里有写这样好诗的天才。墙报出来了，署名当然是那位同学。事情过了很久，我接触了《女神》，方才想起那是一次抄袭事件。郭沫若的《凤凰涅槃》《天狗》等等，那时是不可能理解的，便如同我能感知鲁迅的魅力，我隐约地窥见了郭沫若的狂飙所体现的时代激情，我为他的气势所震撼。

新文学的作品我竭尽全力把能够找来的，都读，不管理解不理解，总是如饥似渴，生吞活剥：除了冰心和巴金，还由鲁迅和郭沫若读开去，一直读到沈从文、曹禺和郁达夫。郁达夫的作品在20世纪40年代拥有很多读者，他的书那时还在畅销。我接触《迷羊》是在姐姐家里，在她那里看到《迷羊》很感奇异，因为它展开的是那样的世界。后来读到了他的其他的小说，《春风沉醉的晚上》我依稀能够感觉到特殊的场景透出的同情心，而对《沉沦》，我除了对女性肉体的裸露而惊异，几乎体察不了他那复杂的心情和创作的意图。《沉沦》对于少年的我几乎是不可知的。

我就这样不加选择地、似懂非懂地吮吸着"五四"新文学给我的滋养。

古典的启蒙

以前我曾说到我对中国新文学作品的情有独钟，这丝毫没有无视和轻视中国古典文学的意思。相反，我是异常倾心于那些在漫长的历史长河中闪闪发亮的文学星辰的。我以为鲁迅发出的"要少——或者竟不——看中国书，多看外国书"的声音，是有感于它们的"与实人生离开"的弊端，怕它们消磨了青年人的锐气而对之持批判态度的。其实，鲁迅自己是读了很多中国古书的，这只要看他附于日记的购书单便知。

应当说，我的文学启蒙始于古典文学。那时的中学课本收了诸多古典名著的片段，如《论语》的"侍坐章"便是。讲"侍坐章"的语文老师我如今还深深感激他。他是毕业于"中央大学"国文系的余钟藩先生。他用福州方音吟诵此段文字，极富乐感，能够传达出孔子和他的学生们的神采气韵来。现在想起来，我还为这最初的文学和诗情的启示而深深激动。

第一次从课堂的讲授中感受到中国古典文学那超乎内容蕴意之外的宽泛而持久的艺术魅力，由于兴趣的诱发，以后我便自己寻找那些古典的作品来读。最先接触的是简赅而有意趣的作品，如"春眠不觉晓"或"红豆生南国"之类。后来，便读到李商隐的《无题》和《锦瑟》。"锦瑟无端五十弦，一弦一柱思华年"，那意思是说不清的，说不清也无妨，它却如神秘的磁石般吸引着你。夏夜户外乘凉，是南方人的习俗。晚饭过后，暑热渐消失，搬一竹制躺椅于屋檐下，听四围虫声鸣叫，龙眼树梢轻摇。竹影婆娑，口诵杜牧一曲《秋夕》："银烛秋光冷画屏，轻罗小扇扑流萤。天阶夜色凉如水，卧看牵牛织女星。"眼前景与胸中意都借助这清俊的诗句得到传达。杜牧之外，王昌龄的绝句我也十分喜爱，刘禹锡的《乌衣巷》更莫名地唤起我远古的悲怀。

对于古典文学作品的寻觅是与对新文学的追求同时进行的。文学欣赏加上当时已经萌发的写作兴趣，占去了我很多本应花在课堂上的注意力。从小学至初中，我的学业是畸斜的，外语和数、理、化的成绩都不好。我对数学，包括几何、代数和三角都头疼，因而我的数学水平大约总维持在小学三年级的程度，今天也是如此。

那时的学校也兴郊游，郊游在我们那里叫远足。远足要穿好衣服，而且要交餐费和交通费。家境贫寒的我，既无好衣服，又交不起那些费用，每年的远足我总托词不参加。为免得父母伤心，我这时总把自己关在楼上读书。这时候，那些遥远年代的作品，便成了凄苦寂寞中的安慰。我那时已经找到了李白、杜甫和白居易。白居易的两首长诗《琵琶行》和《长恨歌》，那时我全部能背诵下来，全靠的是大家都郊游去了我把自己关在房中的那些时日。**我以精神的富足来抵消物质的贫困，诗意的温馨弭平了童年的哀愁。**

唐诗的知识大约总来自《唐诗三百首》，当然还有《千家诗》。小时我还读过《幼学琼林》那类启蒙读物。后来则似懂非懂地进入了《古文观止》。《古文观止》中最好读的是那些写景抒情的文字，如《陋室铭》、《醉翁亭记》、《秋声赋》、前后《赤壁赋》和《岳阳楼记》等。这种阅读和欣赏不仅增加了我的文学修养，而且也默默地影响了我的精神。读范仲淹的《岳阳楼记》，不仅他描写的洞庭湖冬春阴晴的风光给人以审美的享受，特别是他那进退皆忧的博大胸襟，无声地充实了我幼小的心灵。

我以为不懂中国古典文学总是中国人的缺憾，但若因而染上了食古不化的病疾，却也是一种得不偿失。然而，古也并非洪水猛兽，全在学习者的自珍自持。至于鲁迅那种对于古典的愤激和警惕的理解则是我对中国文化积习有了更深体会之后的事。目下国人口口声声"国粹"而不知耻，却从反面让人缅怀起新文化运动那些先觉的前辈来。

我对中国古典文学知识的掌握，是由片断了解而进入系统，但阅读还是不多。我所读的《诗经》，仅限于游国恩老师当年要求记诵的80首；《离骚》也是时隔40年不再重读过。我读古典也凭兴趣。倒是一部广益版的《袁中郎全集》使我走过了人生的长途。吴小如先生十年前赠我的旧版《黄仲则集》一直是我藏书中的珍品。

了解他人如何思考

现在我成了学者，要是我自我介绍说，我是一个并不用功的人，也许人们会不相信，事实却是如此。我极少，也许竟还没有从头到尾完整地读过一本书。我总是一书到手随便乱翻，觉得有点儿意思了，可以从后面往前面倒着读。我极少有耐心一字不落地逐字逐句读那些著作。我总是跳着翻那些书页。我固执地认为，所谓"字字珠玑"总是夸张，一本书中能有一些讲述引起别人的注意就相当不错了。

这种跳跃式翻书并不是好习惯，却表现了我对知识的汲取和承传的某些观念。我很重视那些通过写作讲出自己独特见解的著作。那些见解可能非常精彩，也可能偏颇甚至难免悖谬，却是他自己的言说。从前人的叙说中获得知识的继承，固是读书应有之义，却并非意义的全部。我读前人或今人的书，除了知道他在说什么，更重要的是要知道他为何说、怎么说。

我对那些皓首穷经的人充满敬意。一个人以毕生的精力，去做自己认为有意义的一件事，这非有极大的韧性和毅力绝难做到。但是，我更重视那些以"六经注我"的姿态进行创造性表现的那类著作。人的一生很短暂，他很难把一切都弄清楚。**作为生命曾经存在的证实，最有意义的工作似乎仅仅在于我曾经如此思考过。**

这种思考有时仅仅属于个人，它不以真理代言的面目出现，甚至是非常个人化的而并不是符合全面、准确的那些公认的治学原则的，但它以独特性，甚至以与众不同的姿态而保留在后人的记忆中。我正是出于这种认识，总是十分看重这种"自以为是"的著作和论述。在我平生的阅读记忆中，有两本书给我留下极深的印象，这就是黄仁宇的《万历十五年》和李泽厚的《美的历程》。我不仅珍藏此二书，而且不止一次地将它们介绍给我的学生阅读。

我重视的是它们的作者那种创造性的思维。《万历十五年》有无纰漏我不知道，《美的历程》有人曾指出不少的知识性的疏漏，但这些都无法掩盖作者智性的光耀。一本不厚的书，把中国几千年的文明之美，做了最广阔和最大胆的归纳。从远古图腾到青铜的狞厉，从先秦理性精神到魏晋风度，他说了许多专门从事那一领域研究的人所未曾说出的话。如他说张若虚《春江花月夜》显示的是"少年时代在初次人生展现中所感到的那种轻烟般的莫名惆怅和哀愁"，便饶有新趣。又如，关于《红楼梦》这部几乎被说滥了的巨书，李泽厚关于感伤主义思潮在此书的升华的说法，却是道尽千言万语中的所未道者。

黄仁宇的《万历十五年》是一部奇书。奇就奇在他用某一年写整部明史，用一个皇帝、一个宰辅、一名战将、一名文人来写"大明帝国"的"定数"，单从角度的新颖，体例的独特，以及论述的精赅而言，这本薄薄的书，对学人的启发却是丰博而深远的。

人们通过书籍获得知识的承传，这对一个人来说是非常重要的。**江山代变，人事更迭，人们对于历史上曾经有过的事实和经验不可能亲历，于是需要以阅读的方式获得**，这方面的知识是阅读各类著作典籍的首要目标，即通过阅读了解书中都"说什么"。但阅读更深层的意义，特别是对于专业人员而言，恐怕还在于了解"为何说"以及"如何说"。就是说，通过阅读前人或他人的著作获得提炼、归纳、表达观点和见解的能力和经验。

我们始终不会忘记科学精神，也不会忽视以严肃的态度对待史料和事实。但是，作为一种价值的体现，创造性的发现和表达，都是学问事业得以光大的根本。在这方面，人们会以宽容和厚宥的态度对待难免的粗疏和疵谬。

作者提及书目

1.《红楼梦》，[清]曹雪芹、[清]高鹗著，1791 年成书

2.《论语》，[春秋]孔子弟子及再传弟子编，春秋时期成书

3.《古文观止》，[清]吴楚材、[清]吴调侯编，1694 年编成

4.《三国演义》，[明]罗贯中著，元末明初时期成书

5.《史记》，[西汉]司马迁著，约前 91 年成书

6.《鲁迅全集》，鲁迅著，1938 年出版

7.《道德经》，[春秋]老子著，春秋时期成书

8.《诗经》，周朝成书

9.《水浒传》，[明]施耐庵著，元末明初时期成书

10.《七侠五义》，[清]石玉昆原著，[清]俞樾修订，1889 年俞
樾开始修订

11.《1984》，[英]乔治·奥威尔著，1949 年出版

12.《白鹿原》，陈忠实著，1993 年出版

13.《曾国藩》，唐浩明著，1990 年出版

14.《楚辞》，[战国]屈原等著，[西汉]刘向编，西汉时期成书

15.《创业史》，柳青著，1959年出版

16.《浮士德》，[德]约翰·沃尔夫冈·冯·歌德著，1808年出版

17.《钢铁是怎样炼成的》，[苏]尼古拉·奥斯特洛夫斯基著，1933年出版

18.《马克思恩格斯全集》，[德]卡尔·马克思、[德]弗里德里希·恩格斯著，中共中央马克思恩格斯列宁斯大林著作编译局译，中译本1956年出版

19.《麦田里的守望者》，[美]杰罗姆·大卫·塞林格著，1951年出版

20.《毛泽东选集》，毛泽东著，1951年出版

21.《美的历程》，李泽厚著，1981年出版

22.《朦胧诗选》，北岛、舒婷等著，1985年出版

23.《孟子》，[战国]孟子及其弟子著，战国中期成书

24.《牛虻》，[爱尔兰]艾捷尔·丽莲·伏尼契著，1897年出版

25.《平凡的世界》，路遥著，1986年出版

26.《西游记》，[明]吴承恩著，1592年的《新刻出像官板大字西游记》为最早版本

27.《乡土中国》，费孝通著，1948年出版

28.《约翰·克利斯朵夫》，[法]罗曼·罗兰著，1912年出版

29.《战争与和平》，[俄]列夫·尼古拉耶维奇·托尔斯泰著，1869年出版

30.《中庸》，［战国］子思著，战国时期成书

31.《左传》，［春秋］左丘明著，春秋时期成书

32.《2001：太空漫游》，［英］亚瑟·查理斯·克拉克著，1968年出版

33.《阿西莫夫自然科学导游》*，［美］艾萨克·阿西莫夫，1960年出版

34.《爱丽丝梦游奇境记》，［英］刘易斯·卡罗尔著，1865年出版

35.《爱欲与文明》，［美］赫伯特·马尔库塞著，1955年出版

36.《安娜·卡列尼娜》，［俄］列夫·尼古拉耶维奇·托尔斯泰著，1877年出版

37.《把自己作为方法》，项飙、吴琦著，2020年出版

38.《白鲸》，［美］赫尔曼·麦尔维尔著，1851年出版

39.《百年孤独》，［哥伦比亚］加夫列尔·加西亚·马尔克斯著，1967年出版

40.《包法利夫人》，［法］居斯塔夫·福楼拜著，1857年出版

41.《包龙图判百家公案》，［明］安遇时编，1573年成书

42.《北大授课：中华文化四十七讲》，余秋雨著，2012年出版

43.《北上》，徐则臣著，2018年出版

44.《汴京之围》，郭建龙著，2019年出版

---

* 即《聪明人科学指南》，首版书名。

78.《梵高传——对生活的渴求》,[美]欧文·斯通著,1934年出版

79.《繁花》,金宇澄著,2013年出版

80.《房思琪的初恋乐园》,林奕含著,2017年出版

81.《非常道》,余世存著,2005年出版

82.《非常道2》,余世存著,2011年出版

83.《丰乳肥臀》,莫言著,1995年出版

84.《风萧萧》,徐讦著,1943年出版

85.《封神演义》,[明]许仲琳编,明万历年间成书

86.《傅雷家书》,傅雷著,1981年出版

87.《古代汉语》,王力主编,1962年出版

88.《故土的陌生人》,[美]阿莉·拉塞尔·霍赫希尔德著,2016年出版

89.《海底两万里》,[法]儒勒·凡尔纳著,1869年出版

90.《迷惘者的一生——海明威传》,[英]卡洛斯·贝克著,1968年完稿,1985年出版

91.《汉书》,[东汉]班固撰,[东汉]班昭、[东汉]马续补写,105年成书

92.《何为良好生活》,陈嘉映著,2015年出版

93.《赫索格》,[美]索尔·贝娄著,1964年出版

94.《红磨坊》,[法]皮埃尔·勒米尔著,1952年前出版

95.《红岩》，罗广斌、杨益言著，1961年出版

96.《红与黑》，[法] 司汤达著，1830年出版

97.《洪堡的礼物》，[美] 索尔·贝娄著，1975年出版

98.《花腔》，李洱著，2001年出版

99.《坏血》，[美] 约翰·卡雷鲁著，2018年出版

100.《黄河青山》，[美] 黄仁宇著，2001年出版

101.《黄仲则集》*，[清] 黄景仁著，1775年成书

102.《活着》，余华著，1993年出版

103.《饥饿的女儿》，虹影著，1997年出版

104.《饥饿的盛世》，张宏杰著，2012年出版

105.《机器岛》，[法] 儒勒·凡尔纳著，1895年出版

106.《极端之美》，余秋雨著，2014年出版

107.《寂静的孩子》，袁凌著，2019年出版

108.《寄小读者》，冰心著，1926年出版

109.《家》，巴金著，1933年出版

---

* 疑为《两当轩集》。

127.《拉摩的侄儿》，［法］德尼·狄德罗著，1823年出版

128.《蓝海战略》，［韩］W. 钱·金、［美］勒妮·莫博涅著，
2005年出版

129.《狼图腾》，姜戎著，2004年出版

130.《老子传》，余世存著，2010年出版

131.《老子今注今译》，陈鼓应著，2003年出版

132.《冷血》，［美］杜鲁门·卡波特著，1966年出版

133.《李奇微回忆录》，［美］马修·邦克·李奇微著，1967年出版

134.《理想国》，［古希腊］柏拉图著，约公元前4世纪成书

135.《梁庄十年》，梁鸿著，2021年出版

136.《两户人家》，董时进著，2012年出版

137.《聊斋志异》，［清］蒲松龄著，1679年前后成书

138.《猎巫》，［美］斯泰西·希夫著，浦雨蝶、梁吉译，中
译本2020年出版

139.《邻人之妻》，［美］盖伊·特立斯著，1981年出版

140.《论美国的民主》，［法］阿列克西·德·托克维尔著，
1835年出版

141.《论有学识的无知》，［德］库萨的尼古拉著，完稿于
1440年，首版印刷本1488年出版

207.《拖拉机站站长和总农艺师》，[苏]加林娜·尼古拉耶娃著，1954
年出版

208.《瓦尔登湖》，[美]亨利·戴维·梭罗著，1854年出版

209.《晚清官场镜像——杜凤治日记研究》，邱捷著，2021年出版

210.《晚熟的人》，莫言著，2020年

211.《万历十五年》，[美]黄仁宇著，1981年出版

212.《汪曾祺全集》，汪曾祺著，1998年出版

213.《王鼎钧回忆录四部曲》，王鼎钧著，1992年出版

214.《围城》，钱锺书著，1947年出版

215.《为什么读经典》，[意]伊塔洛·卡尔维诺著，1981年创作

216.《文化苦旅》，余秋雨著，1992年出版

217.《文言语法》，杨伯峻著，1955年出版

218.《我的大学》，[苏]马克西姆·高尔基著，1923年出版

219.《我的二本学生》，黄灯著，2020年出版

220.《我的一家》，陶承著，1959年出版

221.《我们》，[俄]尤金·扎米亚京著，1921年完成，1988
年发表

222.《我是落花生的女儿》，许燕吉著，2013年出版

223.《午夜北平》，[英]保罗·法兰奇著，晏向阳译，中译本2013年出版

224.《西京故事》，陈彦著，2014年出版

225.《喜剧》，陈彦著，2021年出版

226.《下沉年代》，[美]乔治·帕克著，刘冉译，中译本2021年出版

227.《显微镜下的大明》，马伯庸著，2019年出版

228.《乡关何处》，野夫著，2012年出版

229.《湘行散记》，沈从文著，1936年出版

230.《小花旦》，王占黑著，2020年出版

231.《小灵通漫游未来》，叶永烈著，1978年出版

232.《小五义》，无名氏著，[清]石玉昆述，1890年成书

233.《心经》，[后秦]鸠摩罗什译，中译本公元5世纪成书

234.《新华字典》，1953年出版

235.《形而上学》，[古希腊]亚里士多德著，公元前4世纪成书

236.《星空与半棵树》，陈彦著，2023年出版

237.《行者无疆》，余秋雨著，2001年出版

238.《兄弟》，余华著，2005年出版

239.《薛丁山征西》，佚名著，成书时间不详

259.《宇宙》，[美]卡尔·萨根著，1980年出版

260.《宇宙的最后三分钟》，[澳]保罗·戴维斯著，傅承启译，中译本1995年出版

261.《宇宙最初三分钟》，[美]史蒂文·温伯格著，1977年出版

262.《远大前程》，[英]查尔斯·狄更斯著，1861年出版

263.《袁中郎全集》，[明]袁宏道著，可查最早版本为1617年刻本

264.《月亮与六便士》，[英]威廉·萨默赛特·毛姆著，1919年出版

265.《曾国藩传》，张宏杰著，2019年出版

266.《曾国藩的正面与侧面》，张宏杰著，2014年出版

267.《曾国藩全集》，[清]曾国藩著，可查最早版本《曾文正公全集》，1876年传忠书局刻本

268.《曾彦修访谈录》，曾彦修口述，李晋西记录整理，2020年出版

269.《战争风云》，[美]赫尔曼·沃克著，1971年出版

270.《张爱玲全集》，张爱玲著，1991年出版

271.《张医生与王医生》，伊险峰、杨樱著，2021年出版

272.《张之洞》，唐浩明著，2002年出版

273.《知识分子论》，[美]爱德华·萨义德著，1993年出版

274.《中国古代服饰研究》，沈从文著，1981年出版

275.《中国历史地图集》，谭其骧等著，1982年出版

276.《中国文脉》，余秋雨著，2013 年出版

277.《中国小说史略》，鲁迅著，1923 年出版

278.《中国在梁庄》，梁鸿著，2009 年出版

279.《钟鼓楼》，刘心武著，1985 年出版

280.《州委书记》，[苏] 柯切托夫著，1961 年出版

281.《主角》，陈彦著，2018 年出版

282.《庄子》，[战国] 庄周著，战国时期成书

283.《装台》，陈彦著，2015 年出版

284.《追风筝的人》，[美] 卡勒德·胡赛尼著，2003 年出版

285.《卓娅和舒拉》，[苏] 柳·科斯莫杰米扬斯卡娅著，1950 年出版

286.《自私的基因》，[英] 理查德·道金斯著，1976 年出版

287.《子夜》，茅盾著，1933 年出版

288.《走出唯一真理观》，陈嘉映著，2020 年出版

289.《走进中国城市内部》，王笛著，2013 年出版

290.《最长的一天》，[美] 科尼利厄斯·瑞恩著，李文俊译，中译本
2005 年出版

291.《昨日的世界》，[奥地利] 斯蒂芬·茨威格，1942 年出版

* 本书单按正文中提及次数进行排序，信息若有谬误之处敬请指出见谅。